KB070896

# 행복한
## 부자를 위한
## 5가지 원칙

우리가 마땅히 알고 실천해야 할 돈에 관한 지혜

# 행복한 부자를 위한 5가지 원칙

김동호 목사

Ć
청림출판

우리가 돈을 많이 벌고 잘 다스려야 경제가 산다

'Put your money where your mouth is'라는 말이 있다. 입으로만 말하지 말고 돈으로 말을 하라는 뜻으로 해석할 수 있을 것이다. 전적으로 동의한다. 나도 돈으로 말하는 것이 가장 정확하고 정직하다고 생각한다. 사람이 하는 말로는 그 사람을 정확히 이해하고 판단하기가 어렵다. 그냥 말뿐인 경우 아무리 훌륭한 말을 한다고 해도 그 말이 그 사람의 인격이 될 수는 없기 때문이다. 그러나 그 사람이 돈에 대하여 가지고 있는 생각과 실제로 돈을 벌고 돈을 쓰는 모습을 보면 그 사람의 인격을 정확히 판단할 수 있다고 나는 생각한다.

그런 의미에서 세상에 돈만큼 중요한 것도 없다. 돈에 대하여 정직하고 반듯한 사람이 인격적으로 훌륭한 사람이다. 돈에 대하여 흐릿하고 정확하지 못한 사람은 절대로 훌륭한 사람이 될 수 없다.

그런데 참으로 안타깝고 불행한 일 가운데 하나는 그토록 중요한 돈에 대하여 우리는 별로 아는 것이 없다는 점이다. 배운 적이

없기 때문이다. 우리 한국 사람들처럼 많은 교육을 받는 사람은
아마 없을 것이다. 보통 유치원부터 대학교까지 교육을 받는다.

그러나 그럼에도 불구하고 그토록 중요한 돈에 대하여 우리는
거의 단 한 시간도 배워본 적이 없다. 물론 경제학이나 경영학을
공부하는 사람은 돈에 대하여 전문적으로 공부하겠지만 내가 이
야기하는 것은 특별히 전문적인 공부가 아닌 보편적인 돈에 대한
윤리와 철학에 대한 공부를 의미하는 것이다.

많은 사람들이 돈에 대한 욕심만 있을 뿐 돈에 대한 지식과 지
혜 그리고 철학과 윤리가 부족하다. 돈에 대한 욕심을 채우는 방
법에 대해서는 많은 공부를 하나 돈에 대한 바른 철학과 윤리 그
리고 지혜를 얻기 위하여 공부를 하는 사람은 거의 찾아보기가 어
렵다.


세 아들에게 가장 열심히 가르친 것도 '돈'이었다. 마찬가지로
지난 8월 가족들과 함께 한 여름 가족 휴가 때도 돈에 대한 특강을
무려 90분 동안이나 했다. 특강 제목은 'My personal history
and confession for money'였다. 지금까지 내가 돈에 대해 어떤
철학과 원칙을 가지고 살아왔는지, 그리고 실제로 돈을 어떻게 벌
고 쓰며 살아가고 있는지를 정확한 수치까지 언급해가며 강의를
했다.

내가 그 강의를 통해 아이들에게 가르쳐주고 싶었던 것은 단순
한 '돈'이 아니었다. 나는 그 돈이라는 주제를 통해 아이들에게 돈

보다 중요한 인생을 가르쳐주고 싶었다. 아이들에게 인생을 가르치는 데는 돈만큼 중요하고 정확한 것이 없다는 점을 그 강의를 통해 다시금 확인하게 되었다. 그래서 이번 책의 제목을 '돈으로 자녀에게 인생을 가르치라'라고 정하고 싶었다.

이 책에도 썼지만 나는 오랫동안 금전출납부를 기록해왔다. 그런데 사람들은 목사가 금전출납부를 기록하는 것에 대하여 별로 좋지 않게 생각하는 경향이 있다. 대개 그들의 입에서는 목사가 아니라 꼭 장사꾼 같다는 소리가 나오게 마련이다. 사람들은 목사와 장사꾼은 완전히 다른 존재로 받아들인다. 목사는 왠지 훌륭하고 거룩한 사람으로, 장사꾼은 속되고 좀 훌륭하지 못한 사람으로 생각하는 것이다. 나는 그 생각에 동의할 수가 없다. 목사와 장사꾼은 직업의 전문성에서 구별되는 것이지, 그 직업 자체로 어느 것은 훌륭하고 어느 것은 그렇지 못한 것으로 차별되어선 안 된다고 생각한다.

나는 이 세상의 모든 직업은 다 하나님으로부터 말미암은 '성직'이라는 생각을 가지고 있다. 그래서 절대로 장사꾼을 우습게 여기지 않으며 저들이 금전출납부를 작성하는 행위를 속되거나 유치하다고도 생각하지 않는다. 그와 같은 행위를 유치하거나 속된 것으로 생각하는 것을 나는 지식인과 전문인의 허위의식이라고 본다. 쉽게 말해서 그릇된 양반의식이라는 것이다. 이런 의식과 생각은 결코 건강한 것이 아니다. 세상과 사람을 어리석게 만들고 나쁘게 만든다.

내가 금전출납부를 기록하는 목적은 우리의 삶에서 가장 중요한 것 가운데 하나인, 돈에 대하여 나름대로 정확한 삶을 살고 싶어서다. 몇 년 전부터 금전출납부를 기록해왔는데, 그 맨 앞장에 나는 이렇게 써놓았다.

  "돈에 대하여 사랑하는 아들 부열, 지열, 정열에게 부끄러움이 없는 아비가 되기 위하여 남기는 기록"

청림출판으로부터 '돈'에 대한 원고를 써달라는 청탁을 받았다. 몇 년 전에 이미 《깨끗한 부자》라는 책을 냈기 때문에 많이 망설였지만 생각을 고쳐먹고 쓰기로 작정하였다. 《깨끗한 부자》에서 미처 못다 한 말들을 써보아야겠다는 생각이 들었던 때문이다.

돈에 대한 기본적인 생각을 쓴 글들을 모아 출판한 후 다시 돈에 대한 책을 쓴다는 것이 개인적으로는 힘든 일이었다. 가급적 《깨끗한 부자》에 썼던 내용을 피하려고 했으나 다시 내용을 정리하면서 그것이 생각처럼 쉽지만은 않다는 것을 알게 되었다. 그래서 《깨끗한 부자》가 좀더 근본적인 원리와 철학을 다루었다면, 이번 책에서는 그것을 바탕으로 하면서도 한층 더 나아가 구체적이고도 실제적인 이야기를 쓰려고 노력함으로써 중복을 피해보려 했다.

이 책에서는 돈에 대한 이론을 학문적으로 쓰려고 한 것이 아니라 돈에 대한 나의 철학과 실제적인 삶을 기술하고 싶었다. 자연스럽게 개인적인 경험과 생활을 예로 들 수밖에 없었다. 그러다 보니 이곳저곳에서 그 예가 반복되는 경우가 있을지도 모른다. 독자 여러분의 이해를 구한다. 그 동안 썼던 원고를 하나하나 다시 점검하면서도 반복된 예를 발견하였다. 그것을 수정하고 싶었지만 결국 그렇게 할 수 없었다. 그렇게 하고 싶지도 않았다.

성경에도 수많은 반복이 있는 것을 보게 된다. 반복의 의도와 메시지가 있는데 그것은 강조와 학습이다. 나는 독자들이 이 책에 나오는 반복들을 그렇게 좋은 의미로 받아주었으면 좋겠다. 그리고 내가 든 예가 대개 개인적인 경험과 생활이기 때문에 의도된 바는 아니지만 자칫 자기 자랑처럼 보일 수도 있다. 그러나 그것도 그냥 내버려두기로 하였다. 학술적으로 기술하기보다는 삶의 간증과 고백으로 채우고 싶었다. 할 수 있는 대로 정직하고 솔직하게 하려고 최선의 노력을 다하였다. 이에 대해서도 독자들의 너그러운 아량을 기대한다.

돈에 대하여 반듯한 삶의 교훈을 주신 부모님에게 감사하고, 나보다 더 반듯하여 돈에 대해서 한 번도 나와 다른 이견(異見)을 가진 적이 없었던 훌륭한 나의 아내에게 감사하고, 돈에 대한 아비의 교훈에 잘 따라준 사랑하는 아이들에게도 감사한다. 그리고 부족한 사람에게 책을 쓸 수 있도록 기회를 주고 정성껏 출판해준 청림출판에 감사를 드린다.

무엇보다 하나님께 감사를 드린다. 내 삶의 모든 힘과 능력과 지혜는 다 그분에게서 나오는 것이기 때문이다. 그래서 나는 늘 하나님이 감사하다. 다시 한 번 돈에 대한 책을 출판하면서 자그마한

희망을 기원하고 기도드린다면, 이 책을 통하여 다만 몇 사람이라
도 돈에 대한 반듯한 생각을 갖게 되고 그 생각을 실천하며 사는
사람이 되었으면 하는 점이다. 그 같은 나의 기도가 이루어지기를
간절히 소망한다.

2004년 11월

김동호

# 차례

행복한 부자를 위한 제5원칙

# 진정한 삶의 행복은 소유가 아니라 존재가 결정한다
__성경에서 배우는 돈에 대한 진리들

# 행복한
# 부자를 위한
# 제1원칙

돈에 매여 살지 말고 돈을 지배하며 살아라

_사람을 죽이는 돈 이야기

# 가진 자의 절약과 가난한 자의 낭비

예전에 섬기던 교회에서 교회를 건축하던 때였다. 당시 북한에서는 홍수와 가뭄이 반복되면서 수를 헤아릴 수 없을 만큼 많은 북한 동포들이 굶어 죽어가고 있었다. 참으로 마음이 아팠다. 그리고 북한의 동포들은 굶어 죽어가는데 천만 달러가 넘는 돈으로 예배당을 건축한다는 것이 자꾸 마음에 걸렸다.

예배당 건축을 잠시 뒤로 미루는 한이 있더라도 우선 북한 동포들에게 양식을 보내는 일이 더 급하고 중요하다는 생각에 이르렀다. 그래서 당회를 열어 교회가 건축 때문에 재정적으로 무척 어렵긴 하지만 북한 동포를 위한 헌금을 한 번만 하자고 제안했고, 결국 당회의 허락을 받아 교인들을 대상으로 북한 동포를 위해 한번 힘껏 헌금해 보자고 광고를 하게 되었다. 그렇잖아도 교인들이 헌금 때문에 힘들어한다는 것을 알고 있었기 때문에 차마 얼마를 헌금해서 모으자는 말을 하지 못했다.

그러면서 하나님께 "하나님, 최소한 1억 원은 헌금하게 해주십시오. 1억 원이 힘들다면 하나님, 십만 달러라도 헌금하게 해주십시오"라고 기도했다. 1달러가 약 900원 정도 할 때였기 때문에 1억 원이 헌금되면 1억 원이라고 이야기하고, 만일 9천만 원 정도가 헌금되면 십만 달러라고 이야기할 작정이었다. 그러나 하나님은 부족한 나의 기도를 들어주셔서 그 다음 주일에 막상 확인해보니 꼭 1억 원의 헌금이 작정되게 해주셨다. 당시 교회와 교인들의 형편을 생각하면 지금 생각해도 정말 최선을 다한 헌금이었다.

그때 나는 예배당 건축보다 북한 동포에 대한 생각을 정말 더 많이 했었다. 어떤 일을 시작하고 진행할 때마다 차라리 이 돈을 북한에 보내면 우리 동포 몇 명이라도 더 살 수 있을 텐데 하는 생각을 하니 정말 아무것도 할 수가 없었다. 장로, 집사, 권사 임직식을 하면서도 꽃도 달지 못하게 했다. 북한 동포들은 굶어 죽어가고 있는데 꽃을 달고 임직식을 한다는 것이 너무 사치스럽고 생각 없는 일처럼 여겨졌기 때문이었다.

그때 당회 서기를 맡고 계셨던 장로님 한 분이 나를 찾아와 조심스럽게 이런 말씀을 꺼내셨다. "목사님 말씀이 모두 옳습니다. 그러나 모든 기준을 북한 동포에다 맞추면 아무것도 할 수가 없습니다. 그것은 옳은 일이 아닙니다. 오히려 지나친 생각이십니다." 그 말씀이 옳다는 생각이 들었다. 그래서 그 다음부터 임직식에 꽃을 다는 일에 대해 시비(?)를 걸지 않았다.

북한 동포를 불쌍히 여기고 저들을 돕고 섬기는 일을 하는 것도 중요하지만 그 일에도 정도라는 게 있고 분명 한계가 있는 것이다. 정도와 한계를 생각하지 아니하고 무조건 북한 동포만 이야기한다면, 그래서 북한 동포의 생활수준을 기준 삼아 그보다 지나친 것들은 모두 사치스럽고 의식이 없는 것이라고 정죄한다면 그것이야말로 정말 지나친 것이고 잘못된 것이다. 그렇게 되면 우리의 소비 생활은 자꾸 위축될 것이고, 소비 생활이 위축되면 산업이 위축될 것이며, 산업이 위축되면 나라 경제가 어려워질 게 뻔하다. 결국은 북한 동포를 도울 수 있는 힘 자체를 잃어버리게 될지도 모른다. 북한 동포를 생각하고 저들을 도우려고 하는 것은 옳으나, 기준을 너무 엄격하게 잡아 임직식에 꽃 하나 다는 것까지 시비를 걸 정도가 되면 그것은 옳은 일이 아니다.

물론 생활의 여유가 있는 사람들은 생활의 여유가 없는 사람들에게 지켜야 할 도리란 게 있다. 그 도리를 다하지 아니하고 생활의 여유만 즐기는 것은 옳지 않다. 그것은 비윤리적이고 비도덕적이다. 반대로 도리만을 지나치게 강조한 나머지 생활의 여유를 무조건 죄악시하는 것 역시 옳지 않다. 그것은 매우 위험한 생각일 수 있다.

동서고금을 막론하고 대부분의 사람들에게는 금욕주의적인 성향이 있다. 금욕주의적인 사상 자체도 문제가 있지만 그보다 더 큰 문제는, 그 금욕주의적인 원칙을 자신이 아닌 다른 사람에게만 적용하려고 하는 사람들이 많다는 점이다. 일단 금욕주의적인 성향을 훌륭한 것으로 판단한 후 거기에 못 미치는 사람들을 모두 다 기준 미달자로 치부한다. 그것은 공정치 못한 처사다. 뿐만 아니라 매우 위험하기까지 하다. 사회를 파괴할 만한 위험한 사상이 될 수 있기 때문이다.

사람들이 예수님에게 이렇게 물었다. "요한의 제자들이 예수께 나아와 이르되 우리와 바리새인들은 금식하는데 어찌하여 당신의 제자들은 금식하지 아니하나이까."(마태복음 9장 14절) 이런 질문 속에서 당시 사람들도 금욕적인 삶의 자세를 높이 평가하고, 금식하지 않는 사람들을 경건치 못한 사람이라고 섣불리 판단하는 경향이 있었음을 알 수 있다.

예수님은 40일을 광야에서 금식하셨던 분이다. 그럼에도 불구하고 예수님은 금식에 대하여 필요 이상의 의미를 두지는 않으셨다. 필요하면 금식해야겠지만 금식만이 훌륭하고 경건한 것이라는 편견은, 적어도 예수님에게는 없었다. 예수님은 '먹기를 탐하고 포도주를 즐기는 사람'(마태복음 11장 19절)이라는 별명이 붙었을 만큼 먹고 마시는 것을 즐기셨다.

우리가 잘 아는 맥아더 장군이 쓴 자녀를 위한 기도문에 보면 이런 구절이 나온다. "생활의 여유를 갖게 하시어 인생을 엄숙히 살아가면서도 삶을 즐길 줄 아는 마음을 주시옵소서."

사람들은 '삶의 여유'보다 '삶의 도리'에 더 집착하는 경향이 있다. 물론 '삶의 도리'를 생각하는 것 자체는 훌륭하다. 그러나 아무리 좋은 것도 도가 지나쳐 집착으로 빠지면 위험스럽다. '삶의 도리'만 긍정하고 '삶의 여유'는 무조건 정죄하고 판단하는 것은 건강한 생각이라고 할 수 없다.

'삶의 여유'가 없는 사람들은 기회만 주어지면 자신들도 여유 있게 살고 싶다는 욕망으로 가득 차 있으면서도 남들이 여유 있게 사는 모습을 보면 무조건 비판하고, 한걸음 더 나아가 정죄하려고만 한다면 그것은 정말 큰 문제가 아닐 수 없다.

세상살이를 참으로 피곤하게 하고 힘들게 하는 대표적인 경우 두 가지를 꼽으라면, 첫째는 삶의 도리를 다하지 못하는 자들의 지나친 삶의 여유이고, 둘째는 삶의 여유를 전혀 인정하지 않고 무조건 삶의 도리만을 강조하는, 정말 삶의 여유가 없는 자들의 부정적인 시각이라고 이야기하고 싶다.

'삶의 도리'와 '삶의 여유'는 참으로 균형을 잡기가 어려운 개념이다. 그럼에도 이 두 가지는 어느 것 하나도 포기할 수 없는 중요한 개념이다. '삶의 도리'도 중요하지만 나는 '삶의 여유'도 중요하다고 생각한다. 물론 '도리'를 다하지 못하는 자의 '여유'는 아름답지 못하다. 그러나 '여유'를 무조건 부정하고 죄악시하며 '도리'만을 강조하는 것은 참으로 피곤한 일이 아닐 수 없다.

하나님은 우리들에게 참으로 많은 '도리'를 가르치신다. 특히 여유 있는 자가 가져야 할, 여유 없는 자에 대한 도리에 대하여 참으로 많은 말씀을 하신다. 그런데 중요한 것은 그 하나님의 도리에는 나름대로 정확한 한계가 있다는 것이다. 도리의 한계 뒤에 남겨두시는 여유가 있다. 특별한 경우 예외가 없는 것은 아니지만 보편적으로 볼 때 하나님이 우리에게 강조하시고 가르치시는 도리에는 한계가 있고 기준이 있다.

좀더 구체적으로 예를 들면 하나님은 가진 자들이, 다시 말해서

돈에 매여 살지 말고 돈을 지배하며 살아라

여유 있는 사람들이 밭에서 추수를 할 때 자기 소유의 밭이라고 다 거두지 말라고 말씀하신다.(레위기 19장) 네 귀퉁이를 가난한 자를 위하여 남겨놓고 추수하라고 말씀하신 것이다. 만만치 않은 수준의 도리다. 네 귀퉁이를 가난한 자를 위하여 남겨놓으라고 하심은 가난한 자를 위하여 최소한 20퍼센트 이상을 주라는 말씀이다. 정확히 산술적으로 계산하면 21.5퍼센트다.

받기만 하고 한 번도 남에게 자신의 것을 떼어준 경험이 없는 사람들에게 21.5퍼센트라는 것은 차라리 부담이 없는 숫자일 수 있다. 왜냐하면 구제해 본 경험이 없으므로 2.1퍼센트나 21.5퍼센트나 별 차이가 없기 때문이다. 그러나 한 번이라도 자신의 것을 떼어 남에게 주어본 경험이 있는 사람에게 21.5퍼센트라는 것은, 그것도 한 번이 아니라 평생 그렇게 떼어주고 살아야 한다는 말씀은 보통 만만한 일이 아니다.

물론 모든 사람이 다 자기 소득의 21.5퍼센트를 가난한 자를 위하여 떼어줄 수 있는 것도 아니고 그래야만 하는 것도 아니다. 또한 나는 그 기준이 최대 기준이라고만은 생각하지 않는다. 그러나 그 기준을 거의 최대 기준이라고 생각해도 나는 별로 문제가 없을 것이라고 생각한다. 구태여 말을 만들어 붙이자면 '보편적인 최대 기준'이라고 할 수 있을 것이다.

여유가 없거나 여유가 적은 사람들은 21.5퍼센트의 구제를 감당하기가 쉽지 않다. 여유가 있는 사람이라고 해도 그와 같은 도리를 감당하려고 한다면 그는 정말 훌륭한 사람이다. 나는 사람들이 그것을 인정해야 한다고 생각한다. 레위기 19장, 밭의 네 귀퉁이를 가난한 자를 위해 남겨두라는 하나님의 말씀 속에서 나는 이와 같은 명제를 생각해보았다. '21.5퍼센트의 도리와 78.5퍼센트의 여유'.

나는 대충 그와 같은 기준을 가지고 교회와 가정의 살림을 한다. 하나님께 드리는 십일조와 어려운 이웃을 섬기기 위한 21.5퍼센트를 합하면 대략 수입의 3분의 1 정도가 된다. 할 수 있다면 최소한 수입의 3분의 1은 도리를 위하여 사용하려고 노력한다. 그리고 3분의 2에 대해서는 좀 자유롭게 여겨도 좋지 않을까 생각한다. 생각은 그렇게 하면서도 3분의 2의 여유에 대해 솔직히 나 또한 자유롭지 못하다. 설명할 수 없는 부자유함이 남아 있고, 어떨 때는 심지어 죄의식까지 들기도 한다. 그런 의식에서 어서 벗어나고 싶다. 무엇보다 나는 다른 사람들의 3분의 2에 대해서 먼저 자유로워지고 싶다. 나 자신의 여유에 대해서 관대하지 못하는 한이 있어도 다른 사람의 3분의 2 여유에 대해서는 관대해지고 싶다는 말이다.

북한 동포를 생각하며 임직식에 꽃 하나도 달지 못하게 했던 내 생각은 어떻게 보면 다분히 사회주의적인 성향이 짙다고도 할 수 있다. 임직식에 꽃 하나 다는 여유까지도 정죄하는 사회에 산다는 것은 참으로 숨 막히는 일이 아닐 수 없다. 그와 같은 사회에서는 특별한 성자 한두 사람 외에는 다 죄인이 되어야 마땅하다.

여유를 누리고 그것을 즐긴다는 것은, 여전히 정서적으로 받아들이기가 쉽지 않은 개념이다. 생활의 여유 자체도 부정적으로 바라보는 사람들이 많은데, 한 걸음 더 나아가 그것을 즐긴다는 것은 비도덕적이고 비윤리적이며 심하게는 비기독교적이라고 생각하는 사람들이 아직 우리 주위에는 얼마나 많은지 모른다. 우리의 금욕주의적인 사고방식 속에는 남이 여유를 가지고 그것을 즐기는 것을 곱게 보지 못하는 옹졸함이 있는지도 모르겠다.

나는 개인적으로 수백억 원의 재산을 가지고 있으면서도 돈이 아까워 속옷 하나를 제때 새 것으로 사 입지 못하고, 먼 거리를 가면서도 버스 타는 것조차 아까워하는 사람들을 몇몇 알고 있다. 개인적으로만 봐도 그가 불행해 보이는 것은 말로 다할 수가 없고, 사회적으로 볼 때도 물론 그는 좋은 사람이 아니다. 사람들은 그 사람이 참으로 검소하다고 칭찬을 아끼지 않지만 나는 그것이 과연 칭찬을 받을 만한 것인지에 대해서는 조금 생각이 다르다.

가난한 자의 낭비는 말 그대로 어리석음이다. 그러나 가진 자의 지나친 절약 역시 미덕이 될 수는 없다. 경제를 위해서라도 가진 자들은 어느 정도 소비를 해주어야 한다. 그래야 경제가 돌아가고, 가난한 자에게도 돈이 흘러들어갈 수 있는 구조를 만들 수 있게 되는 것이다.

국민소득이 높은 나라에서는 부자들이 큰 집에서 살고, 큰 자동차를 타고 다닌다. 부자들이 큰 집에서 살고 큰 자동차를 타고 다니도록 국가는 세금을 통해 유도한다. 부자가 큰 집과 큰 자동차를 구입하지 않으면 그 돈의 대부분을 국가가 세금으로 걷어들이는 것이다. 국가가 부자들에게 그와 같은 소비를 유도하는 데에는 까닭이 있다. 그것은 국가의 경제와 산업을 위해서다.

물론 부자들이 자신을 위해서는 극도로 절제하면서 모든 돈을 사회와 가난한 사람을 위해 쓰면 최고겠지만 그것은 사람들에게 요구할 수 있는 보편적인 수준이 될 수 없다. 너무 이상적인 생각으로 현실성이 떨어진다. 나는 국민소득이 높은 소위 선진국에서 부자들에게 고소비 정책을 유도하는 것에 동의한다. 그러나 선진국들은 부자들에게 고소비 정책만 쓰는 것이 아니다. 우리가 상상할 수 없을 많은 세금을 통해 가난한 자에 대한 여유 있는 자들의 도리를 강제적으로 대행하는 일을 담당하고 있다. 저들 국가는 양면성을 가지고 국가를 운영한다. 그 양면성이 바로 '여유와 도리'이고 저들 국가는 그 균형을 위하여 노력하고 있는 것이다.

물론 부도덕하고 비윤리적인 '여유'란 게 없는 건 아니다. 그러나 내가 이 글에서 강조하려고 하는 것은 모든 '여유'가 다 비도덕적이고 비윤리적인 것이 아니라는 점이다. 아직도 우리 사회에 만연해 있는 여유라고 하면 무조건 다 비도덕적이고 비윤리적인 것으로 매도하는 생각에서 좀 자유로워지자는 것이다.

도리에 대한 책임을 잘 감당하면서도 삶의 여유를 즐길 줄 알고 그것을 인정해줄 줄 아는 성숙한 사람들이 되었으면 좋겠다. Enjoy your life with God and in God!

"항상 기뻐하라."(데살로니가전서 5장 16절)

"주 안에서 항상 기뻐하라 내가 다시 말하노니 기뻐하라."(빌립보서 4장 4절)

아멘.

# 과연 만장일치만이 정답일까?

이라크 파병에 대한 논의가 아주 심각했던 때다. 기독교 방송에서 이라크 파병에 대한 주제를 다루던 중 내게도 의견을 물어왔다. 그러면서 기독교계에서 일치된 목소리를 내야 하지 않겠느냐는 이야기를 덧붙였다. 나는 반사적으로 '왜 그래야만 하느냐?'고 되받을 수밖에 없었다. 프로그램을 진행하는 그분이 무척 당황하는 것 같아 한편으로는 미안한 마음이 없었던 건 아니지만, 나는 아직도 왜 그런 문제에 대해 기독교계가 일치된 목소리를 내야 하는지 잘 모르겠다.

사람들은 모두 한 마음 한 뜻으로 일치되는 걸 좋아하지만, 나는 별로 그렇지 않다. 일치, 일치됨을 좋아하지 않는다기보다는 획일적인 일치를 좋아하지 않는다고 이야기하는 것이 더 정확할 것이다. 선배들은 내게 당회를 운영할 때도 만장일치로 하라고 충고했지만 나는 그 충고를 따르지 않았다. 물론 그 충고를 따르지 않았기 때문에 많은 대가를 치러야만 했다. 그럼에도 불구하고 내가 옳았다고 지금도 생각하고 있다.

내가 만장일치에 찬성하지 않는 가장 중요한 이유는 그것이 민주적이지 않기 때문이다. 자신의 교회는 모든 일을 만장일치로 결정하는 은혜로운 교회라고 자랑하는 사람들도 있다. 그러나 나는 그 은혜롭다는 말에 동의하지 않는다. 만일 그것이 정말 은혜로운 것이라면 세상에서 가장 은혜로운 나라는 북한이어야 할 것이다. 모든 것을 한 번도 빠짐없이, 김일성 때부터 지금까지 언제나 100퍼센트 찬성으로 결정하는 나라기 때문이다. 나는 이런 일치, 만장일치를 조금은 미개한 것이라고 치부한다.

나는 민주를 좋아한다. 자기의 생각과 주장이 분명하면서도 나와 생각이 다른 주장도 경청하며, 정당하게 토론을 벌인 후 합법적인 의사결정 과정을 통해 결론을 내고, 그 결론이 비록 내 생각과는 다른 것이라고 해도 깨끗이 결과에 승복하고 따라주는 민주주의가 나는 좋다.

교회도 민주적인 교회가 좋다. 획일적인 컬러가 아닌 다양한 컬러를 지닌 교회가 나는 더 좋다. 사상적으로도 좌와 우가 함께 공존하며, 경제적으로도 부유한 사람과 가난한 사람이 함께 어울려 사이좋게 지내는 교회가 나는 좋다. 그런 교회가 정말 좋은 교회라고 나는 생각한다. 그런데 그게 실제로는 생각처럼 되지 않는다.

소위 강남에 있는 교회에는 부자들이 많다. 가난한 교인은 오지 말라고 누가 막는 것도 아니지만, 대개 그런 교회에는 가난한 사람들이 찾아가기가 쉽지 않다. 어쩌면 가난한 사람들만이 느끼는 점일지도 모르나, 평범한 주부나 아이들까지도 각자 자기 전용 자가

돈에 매여 살지 말고 돈을 지배하며 살아라

용을 타고 오는 그런 교회에, 버스와 전철을 타고 가야 하는 사람들이 출석하기가 생각처럼 쉽지는 않을 것이다. 나는 부자들만 모이는 교회는 건강한 교회라고 생각하지 않는다.

그러나 반대로 버스와 전철만 타고 다니는 교인들만 모이는 교회도 똑같은 이유로 나는 건강한 교회라고 생각하지 않는다. 얼마 전 최일도 목사님이 시무하시는 다일 교회의 초청을 받아 강의를 하러 간 적이 있었다. 다일 교회는 교회의 가장 중요한 사명 가운데 하나인 가난한 이웃들을 돌보고 섬기는 사역을 위해 세워진, 요즘 세상에서 가장 모범적인 교회 가운데 하나라고 나는 확신한다.

그러나 나는 다일 교회에서 강의를 하면서, 다일 교회 역시 부자들만 모이는 교회와 마찬가지로 건강하지 못한 교회라고 마구 질책을 했다. 자신들의 교회야말로 건강한 교회라며 남달리 자부심이 있었던 그들에게 나의 질책은 참으로 당황스럽게 느껴졌을 것이다. 그 훌륭한 다일 교회조차 건강치 못한 교회라고 질책한 이유는 단 한 가지였다. 다일 교회는 부자들이 가기에 불편한 교회라는 점이다. 나는 가난한 사람이 가기 불편해서 부자들만 모이는 교회도 건강하지 못한 교회라고 생각하지만, 부자들이 가기 불편해서 가난한 사람들끼리만 모이는 교회도 역시 건강하지 못한 교회라고 생각한다.

부자이면서도 부자 티를 내지 않아 가난한 사람들과도 아무렇지 않게 친구가 될 수 있는 사람은 없는 걸까? 가난하지만 가난한 티를 전혀 내지 않아서 부자들과 어울리면서도 조금도 기죽지 않고,

뿐만 아니라 단지 부자라는 이유로 그들을 함부로 정죄하지 않고 아무렇지 않게 친구가 될 수 있는 사람은 없는 걸까? 내가 지나친 환상에 빠져 있는 것일까?

부자들은 가난한 사람을 깔보고 업신여기고, 가난한 사람들은 무조건 부자를 경멸하고 부정하는 상황에서 가난하면 가난한 대로, 또 부유하면 부유한 대로 서로를 인정하며 존중하며 함께 살 수는 없는 것일까?

구약 성경 이사야 11장에는 다음과 같은 말씀이 있다.

> "그 때에 이리가 어린 양과 함께 살며 표범이 어린 염소와 함께 누우며 송아지와 어린 사자와 살진 짐승이 함께 있어 어린아이에게 끌리며, 암소와 곰이 함께 먹으며 그것들의 새끼가 함께 엎드리며 사자가 소처럼 풀을 먹을 것이며, 젖 먹는 아이가 독사의 구멍에서 장난하며 젖 뗀 어린아이가 독사의 굴에 손을 넣을 것이라. 나의 거룩한 산 모든 곳에서 해 됨도 없고 상함도 없을 것이니 이는 물이 바다를 덮음 같이 여호와를 아는 지식이 세상에 충만할 것임이니라."(이사야 11장 6~9절)

이 말씀은 하나님 나라에 대한 시적이고도 예언적인 말씀인데, 선지자 이사야는 하나님의 나라를 이리가 어린 양과 함께 거하고, 표범이 어린 염소와 함께 누우며, 암소와 곰이 함께 먹는 나라라고 표현하였다. 하나님 나라는 사자만 사는 나라도 아니고 어린 양만 사는 나라도 아니다. 서로 어울릴 수 없을 것 같은 두 존재가 친구처럼 함께 뒹구는 나라라고 성경에 기록되어 있다.

물론 하나님 나라엔 가난한 사람은 없을 것이다. 그러나 우리가 죽어서 하나님 나라에 가기 전까지 살게 될 이 땅에는 어쩌면 영원히 부자도, 가난한 자도 함께 있을 것이다. 그러나 그럼에도 불구하고 가난한 자와 부자가 서로를 미워하지 아니하고, 정죄하지 아니하고, 무시하지 아니하고, 함께 어울려 친구처럼 지낼 수 있다면 죽어서 하나님 나라에 가기 전에도 얼마든지 하나님 나라를 경험할 수 있다는 게 나의 생각이다.

부자는 가난한 자를 인정하고, 가난한 사람도 부자를 인정하는 것을 배우고 살았으면 좋겠다. 다일 교회에는 우리나라 일류 재벌 기업에서 부사장을 맡고 있는 교인 한 분이 계셨다. 그는 회사에서 내준 에쿠스 승용차를 타고 교회를 다닌다. 다일 교회에 에쿠스를 타고 온다는 것은 대단한 용기가 필요한 일이다. 이처럼 다일 교회에는 그런 교인들이 몇 번 왔다가 오래 버티지 못하고 결국 교회를 떠나곤 했다.

대기업의 부사장이라면 나름대로 실력을 쌓은 사람일 게 분명하다. 그런 사람이 회사에서 마련해준 에쿠스를 타고 다니는 것 자체는 전혀 부끄러운 일이 아니며, 잘못된 일도 아니다. 그러나 그가 불편한 마음으로 그 차를 타고 다닌다면 그때는 오히려 사회가 건강하지 못하기 때문이라고 생각한다. 그런데 참으로 불행하게도 다일 교회는 아주 좋은 교회임에도 불구하고 아직도 에쿠스를 타

행복한 부자를 위한 5가지 원칙

고 가기가 참으로 불편한 교회다. 실제로 교회 청년 몇 명이 목사님을 찾아와 '교회에 저런 차를 타고와도 되는 거냐?'며 항의성 짙은 질문을 했다고 한다. 그 이야기를 전해들은 나는 마음 속 저 깊이에서 답답함을 느꼈다.

별로 나이도 많지 않은 사람이지만 어쨌든 자기 실력으로 대기업의 부사장이 되고, 또 회사에서 마련해준 에쿠스를 타고 교회에 나오는 것은 오히려 축하해주고 박수를 쳐주어야 할 일이 아닐까? 나는 벤츠를 타고 다니는 부자 교인이 버스를 타고 온 교인과 어깨동무를 하고, 버스를 타고 다니는 교인이 벤츠를 타고 교회에 온 부자 교인에게 진정으로 축하하고 박수를 쳐줄 수 있는 여유가 있을 때 좋은 교회가 되는 것이 아닐까 생각한다. 무조건 교인은 버스를 타고 다녀야만 한다는 맹목적인 일치를 강조하는 것에 숨이 막혔다.

꽤 오래 전 어느 교회에서 사흘 간 전도 집회를 한 적이 있었다. 둘째 날 집회가 끝난 뒤 40대 후반쯤으로 보이는 남자 집사님 한 분이 자기 교회 목사님과 악수를 하며 자랑스러운 듯이 이렇게 말했다.

"목사님, 목사님! 제가 오늘 대어 하나 낚았습니다."

명색이 전도 집회였기 때문에 그 집사님이 '대어를 낚았다'라는 말의 뜻이 무엇인지는 어렵지 않게 알 수 있었다. 꽤나 이름난 사람을 전도했다는 뜻일 게다. 그런데 도대체 누구를 전도했길래 그 사람을 대어라고 하는지 궁금해졌다. 나는 대뜸 "누구를 전도하셨는데요?"라고 물었다. 그러자 그 집사님은 아주 자랑스럽게 말했다.

"네, 제가 오늘 그랜저 타고 다니는 사람 하나 전도했습니다."

그 말을 듣는 순간, 나는 속으로만 이렇게 물었다.

'그럼 버스를 타고 다니는 사람들은 다 피라미란 말인가요?'

사람들은 버스를 타고 다니는, 넉넉지 못한 사람을 은연중에 피라미 취급한다. 은근히, 그러나 더 솔직히 말하면 노골적으로 무시하고 차별한다.

버스를 타고 다니는 사람을 무조건 피라미 취급하는 것도 옳지 않지만 반대로 벤츠를 타고 다니는 사람을 무조건 도둑놈 취급하는 것도 옳지 않다. 이처럼 우리는 때로 너무 극단적일 때가 많다. 진보 빨갱이 아니면 보수 꼴통이고, 버스를 타고 다니면 피라미고 벤츠를 타고 다니면 무조건 도둑놈으로 몰리는 나라. 이런 나라는 절대로 건강한 나라가 아니다. 성숙한 나라도 아니다.

나는 일치가 싫다. 획일적인 일치가 싫다. 서로의 다양성을 인정하여 생기는 근사한 일치는 좋지만 무조건 자기와 다른 것은 보수니 꼴통이니 피라미니 도둑놈이니 하며 함부로 정죄하고 적대시하는 일치는 싫다. 자기와 다른 상대방을 무조건 자신과 일치시켜야만 직성이 풀리는 그런 획일적인 일치가 나는 정말 싫다.

행복한 부자를 위한 5가지 원칙

# 10억 만들기 열풍

젊은이들 사이에서 '10억 만들기'가 유행처럼 번지고 있다. 10년 동안 10억을 만드는 '비법'을 전수하는 책들이 베스트셀러 가운데 하나가 되더니 요즘은 비슷한 책들이 수도 없이 쏟아져 나와 서점의 서가를 어지럽히고 있다.

나는 이런 모습들을 보면서, 어른들도 마찬가지지만 요즘 젊은이들이 얼마나 돈에 대해 올바른 생각과 철학을 가지지 못했는지를 반증하는 사례 가운데 하나라고 생각했다. 생각보다 많은 젊은이들이 카드 빚을 우습게 생각하여 벌써부터 파산하는가 하면, 적지 않은 청년들이 10년 동안에 10억을 만들어보겠다고 거의 수전노나 투기꾼과 다름없는 삶을 자랑스럽게 선택하려 하고 있다.

건강한 삶을 위하여 우리가 늘 마음에 새기고 살아야 할 중요한 단어 가운데 균형과 적절함이란 게 있다. 과유불급(過猶不及)이라는 말이다. 지나침은 오히려 미치지 못함, 즉 모자람만 못하다는 말이다. 청년들이 수전노와 투기꾼이 되어서라도 10억을 모으겠다는 것은 돈에 대하여 지나친 것(過)이다. 청년들이 빚 무서운 줄 모

돈에 매여 살지 말고 돈을 지배하며 살아라

르고 함부로 카드를 긁어대다가 파산하는 것은 돈에 대하여 모자라는 것(不及)이다. 돈에 대해 균형 잡힌 삶은 '아낄 것은 아끼고 쓸 것은 쓰는 것'이라고 할 수 있다. 말처럼 쉬운 것은 아니지만 젊은이들은 '아낄 때 아낄 줄 아는 사람'과 '쓸 때 쓸 줄 아는 사람'이 되도록 노력해야 한다.

10억 만들기의 문제점을 나는 한·마디로 이렇게 이야기하고 싶다. "결과적으로 손해다. 잃는 것이 너무 많다."

젊은 청년들이 10억 만들기를 실현하려면 자신의 모든 인생을 걸어야만 한다. 모든 정상적인 삶을 비정상적인 삶으로 전환하지 않으면 상식적으로 달성하기 어려운 목표이기 때문이다. 청년들이 10년 안에 10억 원을 모으려면 먼저 수전노가 되어야 한다. 텔레비전에서 10년 안에 10억 원을 모으겠다는 것을 목표로 삼고 실천하고 있는 30대 초반 부부가 방송된 적이 있었다. 그들은 한 주에 다섯 명의 가족(부부와 어머니, 그리고 아이 둘)이 5만 원으로 생활했고, 한 달에 7천 원 정도 드는 쓰레기봉투를 아끼기 위해 버릴 쓰레기를 들고 동네 쓰레기통을 뒤지고 다녔다. 다 채우지 않고 버린 쓰레기봉투를 찾아 거기에 자기 쓰레기를 넣기 위해서였다.

나는 목표만 정말 훌륭하다면 그와 같은 각오를 가지고 사는 것에 얼마든지 동의할 수 있다. 그러나 10년 안에 10억 원을 모아 정원 딸린 집을 사겠다는 목표를 위하여 그렇게까지 하는 것에는 동의할 수 없다. 그 때문에 잃는 것들이 너무나 많기 때문이다. 그 목표에 동의한 부부는 뜻이 같기 때문에 별 문제가 없을 수도 있지만, 동의하지 않는 아이와 어머니에게는 많은 문제가 있을 수 있다. 잘못하면 돈 때문에 자식과 부모를 잃을 수 있다. 잃을 수 있는 것이 아니라 대부분 잃고 만다. 텔레비전에 나온 그 30대 부부에게도 벌써 그런 현상이 일어나고 있는 것을 볼 수 있었다.

청년들이 10년 안에 10억 원을 만들기 위해서는 수전노가 되는 것만으로는 부족하다. 매달 거의 700만 원 가까운 돈을 저축해야 한다고 하는데 이것은 남의 집 쓰레기통을 뒤지는 것만으로는 도저히 불가능한 수치다. 그래서 '10억 만들기'에 대한 대부분의 책들은 부동산 투자에 대한 부분을 중심적으로 다루고 있다. 말이 좋아 부동산 투자지, 솔직히 말하면 부동산 투기를 가르치는 것이라고 할 수 있다.

'10억 만들기 유행'은 우리의 소중한 젊은이들을 떼거리로 수전노와 투기꾼으로 만들어가고 있다. 심각한 문제가 아닐 수 없다. 10억 만들기는 인생의 목표로 삼기에는 너무 초라한 것일 뿐만 아니라 너무 위험한 것이기도 하다. 희생이 너무 많이 따른다. 10억 원으로는 도저히 보상받을 수 없는 소중한 것을 잃어버리게 되기 때문이다. 10억 만들기는 '결과적으로 손해다'라는 것을 사람들이 알았으면 좋겠다.

나는 소위 '10억 만들기'에 성공한 몇 사람을 개인적으로 잘 알고 있다. 그들은 기적과 같이 '10억 만들기'에 성공을 했다. 그리고 정말 근사한 집도 장만했다. 그러나 10년 동안 굳어진 라이프 스타일을 바꿀 수가 없었다. 10억 원을 모은 후에도 한 달에 7천 원만 들이

돈에 매여 살지 말고 돈을 지배하며 살아라

면 되는 쓰레기봉투를 살 수가 없게 된 것이다. 돈은 통장에 자꾸자꾸 쌓여가고, 재산도 늘어갔지만 소비생활은 정말 거지 가까운 수준으로 죽을 때까지 계속하는 것을 실제로 보았다. 얼마나 어리석고 불행한 일인지 모른다.

또 중요한 것이 있다. 물론 10억 원은 만만한 돈이 아니지만 막상 10억 원을 가져보면 별것 아니라는 점이다. 텔레비전에 방송되었던 그 30대 부부의 말과 같이 정원 딸린 집 한 채 사면 별로 남는 것이 없는 돈이다. 정말 정원 딸린 집에서만 살면 행복해지는 것일까? 택도 없는 소리다. 행복은 그렇게 싸구려가 아니다.

이와 같은 생각을 해볼 때 결론은 분명하다. 요즘 젊은이들 사이에 유행하고 있는 '10억 만들기'는 결국 손해다. 얻는 것이 초라한 것에 반해 잃는 것이 너무 많다. 그 손해를 정리하면 다음과 같다.

첫째, 자신이 망가진다. 멀쩡한 젊은이들이 수전노와 투기꾼이 되어 매일 쓰레기통과 복덕방(물론 복덕방을 다니는 것이 나쁜 것은 아니지만 젊은 사람이 거의 매일 복덕방을 출입한다는 것은 망가졌다는 의미다. 크게 망가지는 것이다)을 뒤지고 다닌다는 것은 절대로 바람직한 일이 아니다. 둘째, 소중한 친구나 가족과의 관계가 망가진다.

아낄 때 아끼고 쓸 때 쓸 줄 아는 사람이 되는 것이 바람직하다. 돈보다 소중한 자신과 사람을 얻으며 건강하고 균형 잡힌 삶을 살아가는 사람들이 될 수 있기를 바란다.

행복한 부자를 위한 5가지 원칙

# 부자 아빠와 가난한 아빠

몇 년 전에 《부자 아빠, 가난한 아빠》라는 책이 베스트셀러가 된 적이 있었다. 도대체 어떤 책이길래 베스트셀러가 되었는지 궁금해서 읽기 시작했는데, 결국 중간에 그만 두었다. 무조건 부자 아빠는 좋은 아빠이고, 가난한 아빠는 좋지 못한 아빠라고 단정하는 것 같아서였다.

우리는 돈 많은 사람을 무조건 '잘사는 사람'이라고 이야기하고 돈이 없는 사람을 '못사는 사람'이라고 이야기하지만 이것만큼 잘못된 것도 없다. 돈이 많은 사람은 잘사는 사람이 아니라 부자라고 불러야 옳고, 돈이 없는 사람은 못사는 사람이 아니라 가난한 사람이라고 불러야 옳다. 돈의 많고 적음만 가지고 잘살고 못사는 것을 논해서는 안 된다. 《부자 아빠, 가난한 아빠》라는 책은 그런 면에서 치명적인 오류를 가지고 있는 책이라고 생각한다.

부도덕한 부자 아빠와 정직하고 가난한 아빠, 이 중에 누가 더 나은가? 두 말 할 것 없이 정직하고 가난한 아빠가 더 낫다. 이런 질문에 대답하는 것은 별로 어려운 일이 아니다. 그러나 우리가 실제로 그렇게 산다는 것은 별개의 문제다. 우리 대부분은 가난하게 살더라도 정직하게 살 것인지, 아니면 좀 부도덕하게 살더라도 부자로 살 것인지를 선택하라면 후자를 택할 게 뻔하고, 이미 그와 같은 선택을 하며 살아가고 있다고도 할 수 있다. "사람이 어떻게 정직하게만 살 수 있어?"라고 핑계를 대며 자신을 합리화하면서 말이다.

"부도덕한 부자 아빠와 정직한 가난한 아빠, 이 중에 누가 더 나은가?"라는 질문 자체가 잘못됐는지도 모른다. 질문 자체가 의미가 없을 만큼 답이 뻔하기 때문이다. 아마도 답을 몰라서 이런 질문을 하는 사람은 없을 것이다. 그럼에도 불구하고 이렇게 질문하는 이유는, 어쩌면 누구든 부도덕한 부자 아빠에 대해 사람들을 설득할 만한 근거를 제시해주기를 바라는 마음이 있기 때문일 것이다. 여기에는 혹시라도 자신의 정직하지 못한 삶을 합리화하려는 마음도 잠재해 있을 것이다.

가난하게 살더라도 정직하게 사는 것이 옳은 일이다. 하지만 그렇게 사는 것은 결코 쉬운 일이 아니다. 그러나 그렇게 살 수 있도록 노력하고 기도하여야 한다. 부자로 사는 것이 잘사는 것이 아니라 정직하고 바르게 사는 것이 잘사는 것이라는 원칙을 절대 잊어서는 안 된다.

여기서 나는 좀 다른 문제 하나를 더 제기하고 싶다. 왜 우리는 '부도덕한 부자 아빠와 정직한 가난한 아빠'밖에 생각할 줄 모르느냐는 것이다. 세상에는 부도덕한 부자 아빠도 있고 정직한 가난한 아빠도 있다. 그리고 정직한 부자 아빠도 얼마든지 찾을 수 있는데, 대개 우리는 정직한 부자 아빠에 대해서는 잘 이야기하지 않는다. 때문에 사람들은 두 종류의 사람밖에는 없는 것으로 생각한다. 그것을 이원론적 사고라고 이야기할 수 있을 것이다. 매우 편협하고 위험한 사고방식이라고 할 수 있다.

부도덕한 부자 아빠와 정직한 가난한 아빠라는 이원론 식으로만 생각하다 보면 매우 위험한 결론에 이르게 되는데, 그것은 언제나 부자는 부도덕한 사람이고, 가난한 사람은 정직한 사람이라고 단정하게 된다는 것이다. 실제로도 우리는 그런 믿음을 가지고 살아가고 있으며, 그것이 오늘날 우리가 살고 있는 이 세상의 가장 큰 문제 가운데 하나가 아닐까.

모로 가도 서울만 가면 된다는 식으로 무조건 부자만 되려고 하는 것도 문제지만, 무조건 부자는 다 부도덕한 사람이라고 단정해 버리는 것도 문제라는 걸 알아야 한다. 또 똑바로 가면 절대로 서울을 갈 수 없다는 패배주의적인 사고방식도 문제라는 걸 알아야 한다.

"부도덕한 부자 아빠와 정직한 가난한 아빠, 이 중에 누가 더 나은가?"라고 누군가 내게 묻는다면, 물론 나도 '정직한 가난한 아빠'가 낫다고 답을 하겠다. 그러나 당신이 정말 되고 싶은 아빠는 어떤 아빠냐고 묻는다면, 그때는 '정직한 부자 아빠'라고 답을 하겠다.

정직하지만 가난한 아빠가 되는 것은 용기 있는 행동이다. 누구나 그리 될 수 있는 것도 아니다. 그러나 나는 정직한 가난한 아빠보다는 정직한 부자 아빠를 목표로 삼으라고 말하고 싶다. 앞서도 말했듯이 부도덕한 부자는 문제가 되지만, 이와 더불어 부자를 무조건 다 부도덕한 사람으로 이해하는 것은 더 큰 문제라는 것을 명심하자.

세상에서 가장 행복한 사람은 정직한 부자 아빠를 둔 사람이 아닐까? 하나님이 진정으로 바라시고 원하시는 것은 우리 모두가 정직한 부자 아빠가 되는 것이 아닐까? 하나님도 '부도덕한 부'를 탓하시는 것일 뿐, 우리가 부자로 살아가는 것을 탓하시지는 않을 것이다. 하나님은 항상 우리가 정직하기를 원하신다. 그러나 그 다음으로 원하시는 것은 우리가 부유하고 넉넉하게 사는 것이다. 모든 사람들이 정직한 부자 아빠를 목표로 건강하게 살아가기를 바란다.

# 카드 빚을 무서워할 줄 모르는 사람들

우리나라 속담에는 사람을 잡을 만큼 험악한 속담이 더러 있다.
예를 들자면, '믿는 도끼에 발등 찍힌다'와 '모로 가도 서울만 가
면 된다'는 식의 속담이다. '믿는 도끼에 발등 찍힌다'라는 속담대
로 살면 발등은 건질 수 있을지 모르나, 발등보다 더 중요한 것들
을 잃어버리게 될 것이다. 그것은 믿음과 신뢰가 주는 삶의 축복이
다. '믿는 도끼에 발등 찍힌다'는 속담대로 살면 사람을 모두 다 도
둑놈으로 보아야 하니 얼마나 사는 것이 힘들고 피곤해지겠는가?

종로에 살던 부자 한 사람이 여덟 살 난 아들 하나를 남기고 젊
은 나이에 세상을 떠나면서, 어린 아들에게 이렇게 유언을 했다.
"너를 가까이하려는 놈들은 다 네 재산을 빼앗으려고 하는 도둑놈
들이니, 절대로 사람을 믿지 말고 가까이 하지도 말아라." 불행하
게도 여덟 살 난 어린 아들은 아버지의 유언을 곧이곧대로 듣고 평
생 그렇게 살았다. 덕분에 그 아들은 아버지의 유언대로 엄청난 재
산을 제법 잘 지켜낼 수 있었다.

그러나 그는 아내와 자식도 믿지 못하는 사람이 되어 나중에는

돈에 매여 살지 말고 돈을 지배하며 살아라

신경정신과 치료를 받아야 했고, 평생을 그와 함께 산 아내와 자식들도 똑같이 신경정신과 치료를 받아야만 했다. '믿는 도끼에 발등 찍힌다'는 식의 유언이 발등 같은 재산은 지켰으나, 재산과 비교할 수 없는 자신의 삶과 가족들의 삶은 결국 찍고 말았던 것이다. 그래서 나는 우리 아이들에게 '발등을 찍히는 한이 있어도 믿고 살아라'라는 새로운 속담을 만들어주었다.

'모로 가도 서울만 가면 된다'는 속담도 사람 잡는 속담 가운데 하나라고 할 수 있다. 나는 이 속담도 우리 아이들에게는 '서울은 못 가도 좋으니 똑바로만 가라'라고 바꾸어 가르쳤다. 모로 가서는 절대로 서울을 갈 수 없다. 모든 일에는 방식이 있고, 길이 있고, 법이 있는 것이다. 그 방식과 길과 법을 무시하고 제멋대로 가면 (모로 가면) 절대로 길이 나오지 않고 답이 나오지 않는다. 그러니 모로 가면 서울에 갈 수 없다. 서울에 가려면 똑바로 가야 한다.

이 두 속담 못지않게 우리에게 좋지 못한 영향을 준 속담이 또 하나 있다. 그것은 '외상이면 소도 잡아먹는다'는 속담이다. 물론 이 속담은 경우에 따라서는 긍정적으로도, 부정적으로도 해석할 수 있지만, 대개는 부정적으로만 해석되어 우리 사회에 부정적인 영향을 많이 끼쳤다.

몇 년 전부터 우리나라에도 본격적으로 신용카드가 보급되어 쓰이기 시작하였다. 물론 경험이 없기 때문이기도 하겠지만, 초창기만 해도 우리나라의 신용카드 보급 상황은 참으로 미개한 수준이었다. 거리에 나가면 남녀노소 불문하고 아무에게나 신용카드를 마구 발급해주었다. 심지어는 일정한 수입이 전혀 없는 고등학생들에게까지 발급을 해주었다. 대부분의 사람들이 신용카드 몇 개씩 가지고 있는 것은 보통이고, 열몇 개, 심지어는 수십 개의 카드를 가지고 있는 사람들도 있었다. 현찰이 없어도 신용카드 한 장으로 물건을 마음껏 사고 나중에 대금을 지불하면 된다는 것 자체가 처음에는 참 매력적이었다. 마치 무슨 마술카드 같았다. 하지만 외상이라면 소도 잡아먹는 우리나라 사람들에게 카드는 위험천만한 물건이었다. 역시나 불과 몇 년도 지나지 않아 수도 없이 많은 사람들이 빚 독촉에 시달리거나, 신용불량자가 되어버렸다.

카드는 잘만 사용하면 참 유익하고 유용한 것이다. 그러나 카드를 잘못 사용하여 감당할 수 없는 지경이 되면 개인을 파산으로 몰아간다는 사실을 우리는 모두 잘 알고 있다. 정신을 바짝 차리고 카드를 지배하지 않으면 카드가 우리를 마음대로 지배하고 파산시킨다는 사실을 명심해야만 한다.

어렸을 때 우리 집은 형편이 좀 어려웠다. 학교의 수위 일을 보셨던 아버지의 월급으로는 쌀 한 가마니 반쯤을 살 수 있을 정도여서 우리 집은 늘 경제적으로 빠듯할 수밖에 없었다. 그토록 빠듯한 생활을 하면서도 파산하지 않았던 가장 중요한 이유가 하나 있다. 그것은 우리 가족이 지켜왔던 아주 중요한 원칙 때문이다. 그 원칙은 바로 '두부 한 모라도 외상으로는 절대 사지 않는다'는 것이다. 그리고 그 원칙은 철저히 지켜졌다. 두부 한 모마저 외상으로 사기 시작하면 경제적인 어려움이 점점 더 가중되어 결국 빚에 파묻히

거나 파산하게 될 거라는 생각을 했기 때문이었다.

나는 지금도 웬만하면 할부로 물건을 구입하지 않는 편이다. 아무리 무이자 할부를 해준다고 해도 나는 현찰로만 물건을 사려고 한다. 빚을 지게 될까봐 스스로 경계하기 때문이다. 요즘 같아서는 할부로 구입해도 충분히 밀리지 않고 갚아갈 수 있지만, 그래도 나는 가급적이면 현찰을 모았다가 물건을 살 때 일시불로 지불한다. 이리저리 머리를 굴려 계산해보면, 무이자 할부로 구입하는 게 더 유리하다는 결론이 나온다는 건 알지만, 나는 그래도 할부로 물건을 구입하기가 쉽지 않다. 다음 달에 지출해야 할 돈을 미리 당겨 오늘 써버리는 것이 아무래도 나는 조심스럽다.

다시 어릴 때의 이야기다. 아버지가 받아오는 한 달 월급으로는 한 달을 살기가 빠듯했다. 월급날로부터 3주쯤 지나면 늘 집에 돈이 떨어졌다. 다음 월급날을 기다리는 마지막 한 주는 그야말로 돈을 쓰지 않고 버텼다. 그래서 나는 지금도 돈 없이 잘 버틸 수 있다. 그렇게 빠듯한 형편에도, 우리 어머니는 정말 쥐꼬리보다도 더 적은 돈을 매달 저축하셨다. 드디어 내가 중학교 3학년이 되던 해 우리는 그 저축한 돈으로 작고 초라하지만 우리 집을 장만할 수 있었다. 나는 그때의 집 장만을 지금도 세계 8대 불가사의라고 과장하기도 한다. 빚도 무섭지만, 저축도 그만큼 무섭다.

개인이든 가계든 국가든, 지출이 수입을 넘지 않도록 조심해야 한다. 평소부터 모든 지출 항목을 수입 안에서 해결하려는 훈련을 해야만 한다. 요즘 신용카드 가운데는 출금되는 은행 계좌의 잔고 안에서만 결제가 되는 카드도 있다. 되도록 그런 카드를 사용하라고 권하고 싶다. 한 걸음 더 나아가 매달 지출의 한계를 정해놓고 돈을 쓰라고 말하고 싶다. 무엇보다 중요한 것은 아무리 작은 수입이라고 해도 저축을 하는 게 좋다는 점이다. 세끼 굶지 않고 챙겨먹을 수 있는 사람이라면 꼭 저축을 해야 한다. 세끼 겨우 챙겨먹는 사람이 무엇을 얼마나 저축할 수 있겠냐고 묻는다면, 나는 두 끼만 먹고 한 끼는 저축하라고 말하고 싶다. 매일매일 하루 두 끼를 먹을 수 있다면 절대 죽지는 않을 것이기 때문이다.

현재 우리 사회의 신용불량자는 수백만 명에 이른다. 개인마다 피할 수 없는 부득이한 사정이 있었을 것이다. 그러나 그중에 적지 않은 사람들, 특히 청년들은 빚 무서운 줄 모르고, 외상이라면 소도 잡아먹다가, 나중에는 감당할 수 없어 파산하게 되었을 것이다. 우리 국민들이 이처럼 빚쟁이가 되고 파산 지경에 이르도록 내버려둔, 국가의 잘못된 정책에도 책임은 있다. 그러나 모든 책임을 다 국가에게 돌리는 것은 참 비겁한 일이다.

빚을 무서워하고, 세끼만 찾아먹을 수 있다면 바로 저축을 시작하길 바란다. 그러려면 빚도 무섭고, 저축도 무섭다는 내 말을 마음에 새겨야 할 것이다.

# 복권에 당첨되어도 행복하지 않다

복권에서 1등으로 당첨되어 배당받는 돈은 우리의 상상을 뛰어넘는 액수로 치솟았다. 단 몇 백만 원, 몇 천만 원 수준이 아니라 몇 십억 원을 호가하는 상황이다. 매주 이런저런 복권 추첨이 끝나고 나면 몇 억 또는 몇 십억 원씩 횡재하는 사람들이 나오니, 사람들이 관심을 안 가지려야 안 가질 수가 없게 되었다.

복권에 당첨된 사람들이 당첨금으로 받은 돈을 아주 야무지게 잘 관리하여 말 그대로 팔자를 고치는 경우도 없지 않아 있지만, 예상 외로 많은 사람들이 복권에 당첨되고도 인생 역전에 실패하는 경우가 많다. 단지 요즘 이야기만이 아니라, 복권의 역사가 시작된 이래로 지금까지 쭉 이어져온 일이다. 또 우리나라에서만 그런 게 아니라, 우리나라보다 당첨금이 훨씬 많은 외국에서도 종종 비슷한 일들이 벌어진다.

그렇다면 횡재를 꿈꾸다가 복권에 당첨되었는데도 왜 행복해지지 않는 걸까? 아마도 다음과 같은 이유가 아닐까 생각한다.

첫째, 우리 인생이라는 게 돈 몇 억, 몇 십억 때문에 행복해지는 그런 싸구려가 아니기 때문이다.

중학교 3학년 때 처음으로 우리 집을 갖게 된 나는, 어린 나이였음에도 불구하고 평생 셋방살이만 하다가 작지만 내 집이라고 이사를 하고 보니, 너무 좋아서 밤에 잠을 이룰 수가 없었다. 손으로 방바닥도 쓸어보고 바람벽도 만져보면서 끝내 온 밤을 설치고 말았다. 그때만 해도 어찌나 좋던지, '평생 셋방살이만 하다가 처음으로 집을 사, 이사한 첫날부터 쿨쿨 잠을 잔다면 그건 사람도 아니다. 그게 곰이지, 사람이냐?' 하고 생각했다.

하지만 며칠 지나고 나니 그런 흥분도 점점 사라지기 시작했다. 얼마 지나지 않아서는 그 흥분은 그저 그런 것이 되어버리고, 나중에는 오히려 집에 대한 불만이 생기기 시작했다. 우리 집보다 더 크고 좋은 집이 눈에 보였기 때문이다.

왜 그런 걸까? 이유는 간단하다. 사람이 돈보다도 귀하고 집보다도 귀하며 천하보다도 귀하기 때문이다. 하나님이 그렇게 창조하셨기 때문이다. 마태복음 16장 26절에 보면 다음과 같은 말씀이 있다.

"사람이 만일 온 천하를 얻고도 제 목숨을 잃으면 무엇이 유익하리요 사람이 무엇을 주고 제 목숨과 바꾸겠느냐?"

세상에 부귀와 영화와 쾌락을 누리는 일에 전무후무한 삶을 살았던 솔로몬은 그의 전도서에서 다음과 같이 고백했다.

돈에 매여 살지 말고 돈을 지배하며 살아라

"헛되고 헛되며 헛되고 헛되니 모든 것이 헛되도다."(전도서 1장 2절)
"모든 강물은 다 바다로 흐르되 바다를 채우지 못하며 어느 곳으로 흐르든지 그리로 연하여 흐르느니라."(전도서 1장 7절)

복권 당첨금 몇 억이 아니라 세상을 다 얻은 솔로몬도 행복하지 못했다. 물론 형편이 어려울 때는 복권 당첨금 몇 억 또는 몇 십억은 상상도 하지 못할 큰돈이지만 막상 그 돈이 생긴다고 사람이 행복해지는 것은 아니다.

보편적으로, 30~40년 전의 우리 생활을 떠올려보면 지금 우리는 대개 다 복권에 당첨된 것과 같은 삶을 살고 있다. 당시 우리는 전화나 냉장고가 있는 집을 부잣집이라고 생각했다. 텔레비전도 귀해서 텔레비전이 있는 집에는 동네 사람들이 다 몰려와서 왁자지껄하게 연속극을 보곤 했다. 자가용을 타고 다닌다는 것은 정말 엄청난 부자나 할 수 있는 일이었다. 오죽하면 난방도 잘되지 않아 겨울이면 방안에 둔 물이 얼 정도였을까. 그러나 지금 우리는 어떻게 살고 있는가? 그때를 생각해보면 지금 우리들의 삶과 생활은 정말 복권에 당첨된 것과 같은 것이라고 할 수 있다. 그래서 과연 우리 모두는 행복한가?

둘째, 돈 때문에 사람을 잃는 경우가 많기 때문이다.
땀 흘려 고생하며 번 돈이 아니기 때문에 복권 당첨되어 큰돈을 얻게 되면, 주위의 친척이나 친구들은 다만 얼마라도 나누어주었으면 하고 기대하거나 희망한다. 특히 경제 사정이 어려운 친척이나 친구들은 더 말할 것도 없다. 어떤 사람이 복권에 당첨되었다는 소문이 나면, 수도 없이 많은 사람들과 각종 기관에서 도와달라고 손을 내민다는 이야기도 신문지상에서 많이 회자되었고, 그 때문에 당첨된 사실 자체를 공개하지 않으려고 한다는 말도 들었다.

조금 도와준다고 해도 정작 도움을 바라는 사람 입장에서는 기대에 못 미칠 수도 있고, 도움을 바라는 사람들이 한둘도 아닐 터이니, 돈 때문에 의가 상하여 사람을 잃는 경우가 왕왕 발생하게 된다.

옛날 초등학교 도덕 교과서에서 배웠던 이야기 가운데 길에서 황금을 주운 형제 이야기가 기억난다. 형제가 함께 길을 가다가 큰 황금 덩어리를 줍게 되었다. 형인지 동생인지 정확하게는 모르겠으나, 어쨌든 둘 가운데 하나가 황금 덩어리를 주웠는데, 다리를 건너면서 갑자기 그것을 연못에 던져버렸다는 게 대강의 줄거리다. 형제간의 의가 상할까 우려했기 때문이었다. 지어낸 이야기가 아니라 오래 전 우리나라 어느 마을에서 실제 있었던 일이라고 한다. 땀 흘려 번 돈이 아니라 갑자기 횡재한 돈은 사람 사이에서, 그것도 친한 사람들 사이에서는 의를 끊어놓기 쉽다. 복권도 예외는 아닐 것이다.

셋째, 돈 관리를 잘 못하기 때문이다.

갑자기 큰돈이 생기면 누구나 원 없이 한번 돈을 써보고 싶다는 욕망이 생길 수 있다. 한두 푼도 아니고 엄청난 돈이 생기면 그 돈 전부는 아니더라도 어느 정도만큼은 원 없이 써보고 싶은 유혹에 빠지게 된다. 좋은 자동차를 사고, 좋은 옷을 사 입고, 고급 술집에 가서 팁도 뿌리며 호사스럽게, 마치 왕처럼 대접받으며 술을 마실 수도 있다.

일단 이런 유혹에 빠지기 시작하면 마약에 중독된 것과 같아져서 아무리 당첨금이 많아도 결국 온전히 지켜낼 수 없게 된다. 아무리 많은 돈도 그처럼 헤프게 쓰기 시작하면 정말 밑 빠진 독과 같아서 순식간에 사라지고 말기 때문이다.

돈만 빠져나가면 그래도 괜찮은데 그렇게 돈을 헤프게 쓰는 동안 사람은 점점 방탕해져서, 그로 인해 가정까지 파탄 나고 깨어지는 경우가 얼마나 많은지 모른다. 예전에 강남이 처음 개발될 무렵, 강남땅에서 농사짓던 사람들이 하루아침에 벼락부자가 되었다. 마치 복권에 당첨된 것처럼 갑자기 엄청난 재산가가 되었지만 그 돈을 잘 간직하고 지금까지 부자로 행복한 생활을 하는 사람은, 생각처럼 많지 않다.

농사를 짓던 사람들이 강남 개발 붐 덕에 갑자기 땅부자가 되었지만, 부동산 중개업을 하는 사람에게 듣자니, "그분들 대개 다 망했어요."라고 한다. 사장님, 사장님 하며 따르는 사람들에게 속아서 사기를 당하기도 하고, 룸살롱 출입을 하다가 바람도 피우고, 그래서 이혼 당하기도 하고, 자식들 사이에서 재산 싸움이 벌어져 집안이 쑥대밭이 되었다는 이야기도 들었다. 충분히 이해가 된다.

구약 시편 128편 1절과 2절에 보면 다음과 같은 말씀이 있다.

"여호와를 경외하며 그의 길을 걷는 자마다 복이 있도다. 네가 네 손이 수고한 대로 먹을 것이라 네가 복되고 형통하리로다."

여호와를 경외하고 그 도를 따라 행하는 사람에게 하나님이 복을 주시겠다는 말씀인데, 하나님이 주시겠다는 복이 재미있다. 그것은 손이 수고한 대로 먹게 해주시겠다는 것이다. 손이 수고한 대로 먹는 것이 무슨 복인가? 그러나 깊이 생각해보면 그 말씀이 참으로 옳다. 손이 수고하지 않고 횡재하는 것을 대개 사람들은 복이라고 생각하지만 그것은 사실 복이 아니라 화가 되는 경우가 너무도 많다.

수고했는데도 먹지 못하거나, 반대로 수고하지 않았는데도 먹는 것이 아니라, 손이 수고한 대로 먹는 것, 그것이 건강한 축복이라는 것을 조금만 생각해보면 알 수 있다. '인생 역전'이라는 꿈같은 소리에 사기당하지 말고 성실하게 땀 흘려 손이 수고한 대로 먹고 사는 복을 받는 사람들이 될 수 있기를 바란다.

사람들은 보통 도박이 나쁘다고 생각하지만, 복권을 사는 것은 별로 나쁘지 않다고 생각한다. 어느 정도 수긍하지 못하는 건 아니다. 하지만 복권과 도박은 공통점이 있다. 바로 우연과 횡재에 인생을 걸려고 한다는 점이다. 이런 의식은 우리에게서 건강하고 성실한 삶의 자세를 빼앗아간다. 매우 위험한 일이 아닐 수 없다.

돈에 매여 살지 말고 돈을 지배하며 살아라

복권에 당첨되거나, 도박에서 돈을 따기란 매우 확률이 낮은 일이라서, 당첨된 후에 혹은 돈을 딴 후에 벌어질 위험과 문제는 별로 심각하게 생각되지 않는 게 당연하다. 확률이 낮은 만큼 그런 위험이 발생할 확률도 낮기 때문이다. 그러나 복권과 도박의 위험성은 복권에 당첨되고 도박에서 돈을 딸 때부터 생기는 게 아니라, 바로 복권을 사고 도박에 손을 대는 순간부터 생겨난다는 것을 알아야 한다.

# 세상 다 버리고 산속으로 들어가다

작년이었던가, 어느 날 텔레비전에서 도시를 버리고 완전히 산속으로 들어가 자연과 함께 사는 가족 이야기가 다큐멘터리로 방송된 적이 있다. 그 부모는 아이들을 학교에도 보내지 않고 자연 속에서 아이들과 함께 뛰어놀면서 직접 교육을 시켰다. 직접 농사도 지어 자급자족하는 생활을 유지했던, 정말 특별한 이야기였다.

그들이 사는 모습을 텔레비전을 통해 보면서 몇 가지 생각을 하게 되었다. 첫째는 참 용기 있는 사람들이라는 것이고, 둘째는 '저들은 얼마나 행복할까?' 하는 것이다. 용기가 없어서 그렇지, 그만한 용기를 가지고 정말 저렇게 산다면 틀림없이 그들은 행복할 것 같았다. 그들이 행복할 거라는 데는 별로 큰 의심이 가지 않았다. 그러나 세 번째로 생각한 것은, 그들이 참 이기적인 사람들이구나 하는 것이었다. 세상 욕심을 다 내버리고 용기 있게 자연으로 들어간 사람들을 보면서 이기적인 사람들이라고 생각하는 내가 나도 놀라웠다. 그러나 곰곰이 생각할수록 그들은 참 이기적인 사람임에 틀림없었다. 그들에게서 사회적인 책임이라든지 사명감이라든지 하는 것들은 도통 발견할 수가 없었기 때문이다.

세상에는 정말 이기적인 욕심으로 똘똘 뭉친 사람들이 얼마나 많은지 모른다. 남이야 어떻게 되든 자기만 잘 먹고 잘 입고 잘살면 그뿐이라는 듯, 호의호식하는 사람들이 바로 그런 사람들이다. 그들을 흔히 가리켜 졸부(猝富)라고 부른다. 그들 때문에 힘없고 가난한 많은 사람들이 점점 더 가난해지고 살기 어려워지는 것이다.

얼마 전, 소위 '명품 여교수 사건'이 있었다. 어느 대학교의 여자 교수 한 사람이 핸드백을 잃어버렸는데, 그 핸드백과 그 안에 든 물건들의 가치가 대략 7~8천만 원 정도라고 했다. 핸드백부터 해서 핸드백 속에 들어 있던 작은 지갑까지 모든 것이 다 명품이었고 하다못해 자그마한 액세서리조차도 다 고가의 명품들이었기 때문이다. 그런데 어떤 선량한 사람이 핸드백을 주워 경찰서에 맡기는 바람에 다행히 핸드백을 찾게 되었다. 그때 우리를 또 한 번 놀라게 하고 씁쓸하게 한 일이 생겼는데, 그것은 수천만 원도 넘는 고가의 핸드백을 찾아준 고마운 사람에게 그 명품 여교수가 사례한 돈은 고작 10만 원 정도밖에 되지 않았다는 사실이다.

자기를 위해서는 그다지 쓸데없는 것에도 수백 수천만 원을 아낌없이 쓰는 사람이 남을 위해서는, 그것도 수천만 원이 넘는 자기 재산을 찾아준 고마운 사람에게는 고작 10만 원밖에 쓸 줄 모르다니. 그 여교수의 지극히 이기적인 모습에서 많은 사람들이 무척 씁쓸해했다. 여교수는 이 시대에 하나의 전형이 되어버린, 자기만 아는 이기적인 졸부 가운데 한 사람임에 틀림없다.

그런 명품 여교수에 비하면 세상 욕심 다 내버리고 산속에 들어가 자연과 벗하여 깨끗하게 사는 그 가족은 마치 신선과도 같아 보여야만 했다. 그런데 나는 그런 생각이 들지 않았다. 전혀 공통점이 없어 보이는 두 사람에게서 나는 매우 유사한 점을 발견할 수 있었다. 그것은 세상이나 사람들은 어찌되었든지 간에, 나와 내 가족만 행복하면 된다는 이기적인 생각을 갖고 있다는 점이다. 이것은 사회적인 책임을 전혀 느끼지 못하는 무책임한 삶의 자세다. 나는 그 산속의 가족을 보면서 참으로 엉뚱한 단어 하나를 생각해냈다: 바로 '졸빈(猝貧)'이라는 말이다.

욕심을 버리고 산속으로 들어가는 것은 기독교의 철학과 정신이 아니다. 물론 사람이 욕심을 다 버리고 산속으로 들어가 깨끗하게 산다는 것이 어찌 범인이 할 수 있는 일이겠나 싶지만, 기독교는 거기서 한 걸음 더 앞으로 나아가기를 요구한다. 그것은 바로 욕심을 버리고 세상으로 들어가는 것이다. 돈에 대한 사사로운 욕심을 버리고 소명감과 사회적인 책임감을 가지고 열심히 최선을 다하여 돈을 벌라는 것이다. 할 수 있으면 많이 벌라는 것이다. 그리고 돈을 벌어서 사사로운 욕심을 채우는 데 쓰지 말고 돈을 많이 벌고 싶어도 벌지 못하는 가난한 사람이나 힘없는 사람들에게 베풀라는 것이다.

세상 사람들은 청빈(淸貧)을 가장 숭고한 삶이라고 받아들인다. 그러나 기독교에서는 청부(淸富)를 더 숭고하고 가치 있는 삶으로 받아들인다. 기독교에서는 돈 벌 생각을 하지 아니하고 자기에게 있는 보물과 달란트를 땅에 묻는 사람을 훌륭한 사람이라고는 하지 않는다. 오히려 그를 악하고 게으른 종이라고 책망한다. 그리고 열심히 세상에 나아가 장사하여 이윤을 남긴 두 달란트 맡은 자와 다섯 달란트 맡은 자를 착하고 충성된 종이라고 칭찬한다. 사실 청빈도 어렵지만 청부는 그보다 몇 배나 더 어려운 것일지도 모른다.

돈에 대한 사사롭고 개인적인 이기심과 욕심을 버린다는 것은 중요한 일이다. 그러나 그보다 더 중요한 것은 돈에 대한 사회적인 책임감과 소명을 갖는 것이라고 나는 생각한다.

하루는 사업을 하시는 집사님 한 분이 내 방에 찾아오셨다. 그분은 의자에 털썩 주저앉으며 이런 말을 꺼내셨다. "이번 달에는 진짜 헛장사했어요." 왜 그러냐고 물었더니 세금 내고 직원들 월급 주고 나니, 아무것도 남는 것이 없다는 것이었다. 나는 세금을 내고 직원들 월급까지 주었는데 그게 왜 헛장사냐고 되물었다.

"집사님, 하시던 사업을 모두 정리하여 그 돈을 은행에 넣어놓으면 평생 이자만 받고도 골프 치며 즐기실 수 있죠?"

"예, 문제없죠."

"혹시 집사님에게 왜 사업을 하냐고 묻는 사람이 있다면 말이라도 한번 이렇게 해보세요. '이 사업 정리해서 은행에 집어넣으면 이자만 받고도 평생 골프치고 살 수 있어. 그런데 내가 왜 이 힘든 사업을 하는 줄 알아? 돈 많이 벌어서 세금 내려고 그런다.' 라구요."

'돈 벌어서 세금 내려고 그런다'라는 평범한 말 한마디에 그 집사님은 큰 충격을 받은 듯싶었다. 이왕 말을 시작한 김에 한 마디를 더했다.

"돈 벌어서 직원들 월급 주려고 그런다. 나 혼자 잘 먹고 사는 것은 문제도 아니다. 나 혼자 잘 먹고 잘살 것만 생각하면 당장이라도 이 사업을 그만 두고 싶지만, 그래도 내가 이 사업을 정리하지 않고 끝까지 매달리는 이유는 직원들에게 월급 주려고 그러는 것이다. 그나마 내가 이 사업을 붙들고 애쓰기 때문에 우리 직원들이 모두 먹고살 수 있는 것 아니겠는가?"

내 말에, 집사님은 충격 이상의 충격을 받았다.

사람들은 이런 나를 보고 정말 꿈같은 말을 한다고 할지도 모른다. 돈 벌어서 나라에 세금 내고, 돈 벌어서 직원들에게 월급 주려는 사명감을 가지고 힘들고 어려운 사업을 열심히, 그리고 기쁨으로 하는 사람들이 많아졌으면 좋겠다. 그리고 그런 사람들이 돈을 많이 벌었으면 좋겠다. 그것만이 이 세상에서 사업하는 사람들이 열심히 일을 해서 돈을 벌어야 하는 가장 중요한 이유라고 생각한다.

명품 여교수와 같은 사고방식을 가지고 살아가는 사람들은 나도 싫다. 사랑하는 아이들과 내가 혹시라도 그런 사고방식을 가진 사람이 될까봐 두렵다. 까딱 잘못하면 그렇게 되기 십상이기 때문이다.

그러나 나는 세상 욕심 다 내버리고 산속에 들어가 신선처럼 사는 사람들도 별로 좋아하지 않는다. 물론 그런 사람들을 명품 여교수와 비교할 수는 없겠지만, 사회의식이 결여되었다는 것과, 돈이 나 세상에 대한, 그리고 이웃에 대한 책임감이 결여되었다는 것은 결코 칭찬할 만한 일이 아니기 때문이다.

나는 사사로운 욕심을 채우기 위해 돈을 버는 사람이 아니라, 정 말 돈 벌어서 나라에 세금 내고, 돈 열심히 벌어서 직원들에게 월 급 주려고 열심히 사는 사람들이 좋다. 내 아이들도 그런 사람이 되었으면 좋겠다. 돈에 대해 적극적인 자세를 가지고, 그러면서도 깨끗한 마음을 가지고 살아가는 사람이 되었으면 좋겠다.

돈에 대한 욕심은 분명히 버려야 한다. 하지만 돈에 대한 욕심 을 버리다가 돈에 대한 소명감까지 버려서는 안 된다. 돈에 대한 소명감과 돈에 대한 욕심은 겉모양이 같아서 구별하기가 어렵고 스스로도 착각하기 쉽지만, 그리고 돈에 대한 욕심을 가지고 있으 면서도 그것을 돈에 대한 소명감이라고 합리화하며 다른 사람과 자기 자신을 속이게 되는 위험성이 존재하지 않는 것은 아니지만, 그래도 돈에 대한 욕심과 소명감은 구별되어야 한다. 우리가 멀리 해야 할 것은 돈에 대한 욕심이지 돈에 대한 소명감은 아니란 말 이다.

보리떡 다섯 개와 물고기 두 마리를 가지고 5천 명을 먹였다는 성 경의 '오병이어(熬餠二魚)'의 기적을 읽다가 소위 성공한 사람들 가 운데는 두 종류의 사람이 있다는 것을 생각하게 되었다. 하나는 5천 명분을 혼자 깔고 앉아 먹고사는 사람이고, 또 다른 하나는 5천 명 분을 먹이며 사는 사람이다. 하나님은 혼자서 5천 명분을 먹고사는 사람을 잘사는 사람이라고 말씀하지 않으신다. 하나님은 5천 명분을 먹이며 사는 사람이 잘사는 사람이라고 하신다.

세상에 가장 나쁜 사람이 있다면 그것은 5천 명분을 혼자 먹고 사는 사람이다. 그 다음으로 나쁜 사람을 꼽으라면 남에게 덕도, 폐도 끼치지 않고 나물 먹고 물마시며 욕심 없이 사는 사람일 것이다. 그러나 성경이 이야기하는 최상의 사람이 있다면 그것은 5천 명분을 먹이며 사는 사람일 것이다.

돈에 대한 욕심을 버리고 나물 먹고 물마시며 사는 사람보다는 돈에 대한 소명감을 가지고 5천 명을 먹이기 위하여 열심히 돈을 벌며 사는 사람들이 되기를 바란다.

행복한
부자를 위한
제2원칙

정직은 신용이 되고 신용은 돈이 된다
_사람을 살리는 돈 이야기

# 재료가 나쁘면 하루 장사를 접는 설렁탕집 주인

세계 여러 나라를 다녀보면서 알게 된 매우 중요한 사실이 하나 있다. 그것은 세상에는 정직하면 못사는 나라가 있고 반대로 정직하지 않으면 못사는 나라가 있다는 것이다. 여러분은 과연 각각의 나라가 어떤 나라인지 알겠는가?

정직하면 못사는 나라는 바로 후진국이다. 반대로 정직하지 않으면 못사는 나라는 선진국이다. 후진국은 정직하면 여러 모로 참 살기가 어렵다. 때문에 편법을 써야 하고 적당히 거짓말도 해야 하고 때때로 법도 어겨야만 살 수 있다. 우리나라도 이제껏 후진국 대열에 속해 있었기 때문에 우리 안에는 '정직하면 살 수 없다', '정직하면 나만 손해 보고 바보가 된다'는 생각이 아직 강하게 남아 있다.

몇 년 전 출판한 내 책, 《깨끗한 부자》에 대해 많은 사람들이 제목에서부터 알레르기 반응을 보였다. '깨끗한데 어떻게 부자가 될 수 있느냐?'는 것이 그들의 대체적인 주장이었다.

그러나 앞서 말했듯이 선진국에서는 정직하고 깨끗하지 않으면

63

살기가 힘들다. 물론 선진국이라고 해서 다 깨끗하고 정직한 것은 아니지만, 분명한 것은 선진국에서 개인적인 신용(credit)을 잃으면 정상적인 생활을 할 수 없다는 점이다.

선진국에서 마치 생명처럼 소중히 여기는 것이 있다면, 그것은 바로 신용이다. 신용이 없으면 아무것도 할 수 없고, 비참한 삶을 살 수밖에 없다. 그래서 선진국에서 가장 심한 욕은 '거짓말쟁이(liar)'라는 말이다. 비록 어린아이들이라고 해도 '거짓말쟁이'라는 욕을 들으면 이성을 잃고 덤벼드는 것을 흔히 볼 수 있다. 어른들도 마찬 가지다.

암웨이라고 하는 세일즈 회사를 창업하여 세계적인 부자가 된 리치(Rich, 그는 이름조차 '부자'다)에 대한 책을 읽어본 적이 있다. 책 안에 '프로페셔널 세일즈맨의 조건'이라는 제목으로 리치가 강연한 내용을 정리한 부분이 있었다. 세일즈로 성공하여 세계적인 부자가 된 리치가 프로 세일즈맨의 조건으로 제일 먼저 이야기한 것이 무엇인지 아는가? 그것은 '정직'이었다. 나는 그 글을 읽으며 정말 뛸 듯이 기뻤다. 그리고 깨끗하고 정직하면 부자가 될 수 없다는 것은 후진적인 생각이라는 것을 다시 한 번 깨닫게 되었다.

그렇다면 과연 후진국에서는 정직한 자가 형통하지 못하는가? 반드시 그런 건 아니다. 후진국에서도 결국에는 정직한 자가 크게 성공하고 형통하게 된다. 다만 차이가 있다면 선진국에 비해 형통과 성공의 과정이 길고 어렵다는 것뿐이다. 처음에는 잠시 악인이 형통하는 것처럼 보이지만 결국에는 의인이 형통한다.

행복한 부자를 위한 5가지 원칙

시편 92편에 보면, "악인들은 풀과 같이 생장하고 의인은 종려나무처럼 번성하리로다"라는 말씀이 있다. 풀과 나무를 비교해보면 풀이 훨씬 더 왕성하게, 그리고 빨리 자란다. 그러나 풀은 아무리 왕성하고 빨리 자라도 가을이 되면 시들기 시작하여 겨울이 되면 완전히 죽고 만다. 그러나 나무는 더디 자라는 것 같고, 풀과 똑같이 가을에 시들고 겨울에 죽는 것처럼 보이지만, 끝내 죽지 않고 계속 자라나 풀과는 비교도 할 수 없는 큰 나무가 되는 것이다.

하나님은 악인과 의인을 이처럼 풀과 나무에 비교해놓으셨다. 악은 풀과 같아서 왕성한 듯싶으나 풀의 왕성함은 사기다. 결국 남는 것이 없기 때문이다. 시편 1편에서도 하나님의 법과 식을 따라 사는 정직한 사람은 시냇가에 심은 나무와 같아서 시절을 좇아 열매를 맺지만 악인은 그렇지 않아서 오직 바람에 나는 겨와 같이 된다고 말씀하고 있다.

돈 버는 사업에서 가장 중요하고 큰 자본을 꼽으라면 무엇을 꼽겠는가? 나는 '신용'을 들고 싶다. 신용만 있으면 돈은 얼마든지 모을 수 있고 빌릴 수 있기 때문이다. 성경은 "오직 의인은 믿음으로 말미암아 살리라"(로마서 1장 17절)라고 말씀한다. 나는 이 말씀을 단지 영적인 말씀으로만 생각하지는 않는다. 우리의 모든 삶에 적용되는 말씀이라고 생각한다. 이 땅과 세상에서 살려면, 그리고 잘살려면, 또 성공하려면 무엇보다도 믿음이 있어야 한다. 즉 신용이 있어야 한다는 것이다.

미국 노스캐롤라이나에 가면 그린즈버러라고 하는 자그마한 도

정직은 신용이 되고 신용은 돈이 된다

시가 있다. 거기에는 정스패밀리라고 하는 회사가 있는데 아버지와 어머니, 아들과 며느리, 딸과 사위가 함께 하는 건축 회사다. 주로 그린즈버러 시의 공사를 맡아 하고 있는데, 시에서는 정스패밀리가 시공한 건축물은 검사도 하지 않을 정도로 믿는다고 한다. 그만큼 신용을 얻었기 때문이다.

이 회사도 처음 어렵게 시의 공사를 따냈을 때 위기가 한 번 있었다고 한다. 공사를 마치고 검사관으로부터 검사를 받게 되었는데, 검사관이 벽 안에다 방음 재료들을 규격대로 다 넣었느냐고 질문했다는 것이다. 그때 그들은 서둘러 공사를 마치느라 미처 규격대로 공사를 하지 못했는데, 많이 망설이다가 결국 그렇게 하지 못했다고 정직하게 대답을 하였다. 결국 벽을 다 뜯어 새로 규격에 맞게 재료들을 다시 채워 넣고 마무리를 해야만 했다. 물론 그 때문에 돈도 많이 손해를 봤지만, 더 큰 걱정은 앞으로 시의 공사를 맡기 어려울지도 모른다는 점이었다.

그러나 뜻밖에도 시에서는 그 후로 그들에게 더 많은 공사를 맡겨주었다고 한다. 이유는 간단했다. 그것은 정스패밀리라는 회사는 정직한 회사라고 인정했기 때문이다. 정스패밀리는 정말 정직한 기업이 되기 위하여 규격대로 공사를 하는 것은 물론이고, 약속한 공사 기일을 지키기 위해 미국에서는 좀처럼 하지 않는 철야 작업까지도 감행하여 공사를 했더니, 이제는 드디어 검사도 하지 않고 준공을 내주는 회사가 되었다는 것이다.

그들 때문에 그린즈버러 시에서 일하는 미국인들은 한국 사람

하면 무조건 정직하고 성실한 국가의 사람이라고 입을 모은다고 한다. 한 가족의 신용이 국가의 신용으로까지 발전하게 된 셈이다. 그린즈버러 집회를 갔다가 그들을 만나, 이 이야기를 듣고는 나는 그들이 얼마나 자랑스러웠는지 모른다.

우리 교회에는 설렁탕집을 운영하는 집사님 가족이 있다. 김천에서 '고령 설렁탕'이라는 음식점을 경영하고 있는데, 김천 집회를 갔던 김에 그 집에 들른 적이 있었다. 그 멀리서 서울에 있는 교회에까지 출석해주시는 것은 물론 감사한 일이나, 어떻게 하루 이틀도 아니고 주일마다 서울에 있는 교회로 출석할 수 있겠냐며 김천 가까운 교회를 정해 나가시라는 말을 해드리기 위해 일부러 찾아갔었던 것이다.

그러나 부인 집사님으로부터 다음과 같은 말을 듣고는 아무 말도 하지 못하고 그냥 서울로 올라오고 말았다.

"목사님, 우리 부부는 비록 설렁탕 끓여 파는 장사꾼에 불과하지만 설렁탕 한 그릇을 끓여도 예수님께 대접하는 마음으로 끓입니다. 그래서 설렁탕에 들어가는 모든 재료를 다 최고로만 구입하여 쓰지요. 설렁탕에 들어가는 뼈와 고기는 말할 것도 없고, 김치 담글 때에 쓰는 무, 배추, 마늘, 고춧가루, 생강, 파 할 것 없이 모두 최고로 좋은 재료만 구입하여 사용한답니다."

부인 집사님으로부터 그 이야기를 듣는 순간 온몸에서 힘과 맥이 다 빠져나가는 듯한 은혜를 받았다. 충격적인 은혜를 받을 때 내게 일어나는 그다지 흔치 않은 현상이다. 나는 아무 소리도 하지

정직은 신용이 되고 신용은 돈이 된다

못한 채 그냥 서울로 올라오고 말았다. 결국 그 집사님 가족은 지금까지도 한 주도 빠짐없이 교회에 출석하고 있다. 너무나 욕심이 나는 가족이라 집과 가까운 교회로 가시라는 말을 차마 하지 못하고 올라온 때문이었다.

어느 날 그 집사님이 뼈를 공급하는 가게에서 뼈를 받아 끓이기 시작하는데 뼈에서 뽀얀 국물이 나오지 않고 누런 국물이 나오더란다. 아마도 뼈를 판 가게에서 실수를 하여 품질이 좀 떨어지는 뼈를 보냈던 모양이다. 전화를 하자 어쩔 줄 몰라 하며 사과를 하면서 우리 교회 집사님에게 이렇게 이야기하였다고 한다.

"사장님, 오늘 하루만 커피 프림을 타시죠."

나는 그때 설렁탕집 가운데 별로 좋지 않은 품질의 뼈를 사용한 후 그것을 눈속임하기 위해 커피 프림을 타는 집이 있다는 것을 처음으로 알게 되었다. 얼마든지 그렇게 해서 하루쯤 넘어갈 수 있었음에도 불구하고 우리 집사님은 아예 가게 문을 닫아 버렸다. 그러고는 가게 문 앞에 이렇게 큼지막한 글을 붙여놓았다.

"오늘은 재료가 나빠서 장사 못합니다. 죄송합니다."

장사 수완으로만 그렇게 한 것이 아니었다. 예수님을 대접하는 심정으로 끓이는 설렁탕인데 쉽사리 커피 프림을 타서 은근슬쩍 넘어갈 수가 없었기 때문이었다. 의도했던 바는 아니었으나 그와 같은 일을 통해 우리 집사님 가게는 손님들로부터 신용을 얻게 되었다. 그 후 그 음식점이 더 잘되었다는 말은 구태여 하지 않아도 알 것이라고 생각한다.

돈을 벌고 싶은가? 그리고 많이 벌고 싶은가? 그렇다면 정직해지도록 노력하고 훈련하라. 깨끗해지기 위하여 힘쓰고 기도하라. 아직도 정직하고 깨끗하면 바보가 되고 손해를 보는 그런 나라에서 살고 있는가? 그 바보 됨과 손해 봄을 부자가 되기 위하여 마땅히 치러야 할 투자라 생각하고 과감히 정직에 투자하라.

나는 정직한 자의 형통을 믿는다. 하나님이, 그리고 성경이 그렇게 말씀하고 있기 때문이다. 그리고 그와 같은 말씀의 증인들을 수도 없이 많이 보았기 때문이다.

"나의 방패는 마음이 정직한 자를 구원하시는 하나님께 있도다."(시편 7장 10절)

"그의 후손이 땅에서 강성함이여 정직한 자들의 후손에게 복이 있으리로다."(시편 112장 2절)

"대저 정직한 자는 땅에 거하며 완전한 자는 땅에 남아 있으리라." (잠언 2장 21절)

"성읍은 정직한 자의 축원을 인하여 진흥하고 악한 자의 입으로 말미암아 무너지느니라."(잠언 11장 11절)

"악한 자의 집은 망하겠고 정직한 자의 장막은 흥하리라."(잠언 14장 11절)

나는 정직한 자의 형통을 믿는다. 나는 깨끗한 부자를 믿는다.

정직은 신용이 되고 신용은 돈이 된다

## 가난했지만 열등의식은 없었던
## 조센징 야구선수 장훈

내가 평생 스승으로 섬기는 목사님 한 분이 계신다. 아주 오래 전 일인데, 큰 교회의 초청을 받아 시무하던 교회를 떠나려 하신 적이 있었다. 이 사실을 눈치 챈 교인들이 목사님의 사임을 막으셨다. 교인 대표로 한 장로님이 목사님을 만나 이렇게 말했다. "목사님, 큰 교회에 가시면 우리 교회보다 월급을 많이 받으실 테지만, 그래도 목사님 가지 마세요. 우리도 당장 다음 달부터 월급을 올려드릴게요."

그때 목사님 입에서, 내 평생 잊을 수 없는 명언이 튀어나왔다.

"소 시장의 소는 부르는 사람에 따라 값이 올라도 가고 내려도 가지만 나는 소 시장의 소가 아닙니다."

당시에는 한국 교회의 목사들이 대체적으로 가난했고 경제적인 상황도 어려웠다. 그 목사님도 예외는 아니었다. 특히 그분은 자녀들이 많아서 더 힘들었을 것이다. 경제적으로 궁핍해지면 제일 고통을 많이 받는 사람이 주부다. 목사님의 사모님은 정말 어렵게 살림을 하셨다. 그런데 나는 그 사모님으로부터도, 평생 잊을 수 없는 명언을 듣게 되었다. 바로 다음과 같다.

"저는 가난이 싫어요. 그러나 가난이 무섭진 않아요. 다시 이렇게 살라 하시면 또 이렇게 살면 되죠, 뭐."

이 말을 하실 때의 사모님의 표정과 모습을 나는 아직도 잊을 수가 없다. 체구도 작고 언뜻 보면 초라해 보이는 한 여인에게서 풍겨나오는 그 위대함과 근사함, 그리고 훌륭함과 어떤 멋 같은 것들. 그제야 나는 가난하다고 해서 다 초라해 보이는 것은 아니구나 하는 것을 배울 수 있었다. 가난이 싫지만 무섭지 않다던 사모님이나 그런 가난 속에서 고통을 받으면서도 소 시장의 소로는 살지 않겠다는 목사님에게서나, 훌륭하고 근사한 사람이 되기 위해 꼭 부자가 되어야만 하는 것은 아니라는 점을 배웠다.

가난해도 비굴하지 않고 당당하면 얼마든지 위대하고 근사한 사람이 될 수 있다. 가난 자체가 우리를 초라하게 만들지는 않는다. 비굴함과 당당치 못함, 그리고 언제나 세상을 부정적으로 보고 늘 원망과 불평과 시기를 달고 사는 것이 우리를 초라하게 하는 것이다.

어렸을 때부터 좋아했고, 지금까지의 내 삶에 매우 많은 영향을 끼친 사람 가운데 한 명을 소개하자면, 일본에서 야구선수 생활을 했던 장훈 선수를 들 수 있다. 장 선수가 프로로 데뷔하여 좋은 성적을 올리자, 일본 사람들을 별로 좋아하지 않았다. 왜냐하면 장 선수가 일본으로 귀화하지 않고 끝까지 재일교포이기를 고집했기 때문이다.

어느 날 장 선수가 타석에 들어섰을 때 일본인 관중 가운데 한 사람이 '조센징은 가라'라고 소리치며 야유했다. 그 소리가 관객석에 들어찬 일본인 관중들을 선동하게 되었다. 모두 다 들고 일어나 한목소리로 외쳤다. "조센징은 가라! 조센징은 가라!" 관중들의 야유와 함성이 그치기를 기다리던 장 선수는 드디어 타석에 다시 들어섰다. 그러고는 일본인들을 향해 이렇게 외쳤다.

"그래 나는 조센징이다."

급기야 그는 투수가 던진 공을 담장 밖으로 넘겨버리고 말았다. 어릴 때 이런 글을 읽으면서 얼마나 크게 감동을 받았는지 모른다. 사람들이 자신을 보고 아무리 조센징이라며 욕하고 야유해도 장 선수는 조센징이라는 사실을 부끄러워하지 않았다. 자신이 조센징이라는 사실이 부끄러운 게 아니라 조센징이라는 사실을 부끄러워하는 게 진짜 부끄러운 일이다. 장 선수에게서 가난은 부끄러운 것이 아니라 가난을 무조건 부끄러워하는 것이 부끄러운 일이라는 점을 배웠다.

나도 어릴 때는 가난에 대한 열등의식이 있었다. 이 열등의식이 내 삶을 어둡게 하고 부정적으로 만들며 삐뚤어지게 했다. 장 선수의 이야기를 책에서 읽고부터는 열등의식이 들 때마다 이렇게 큰소리로 외치게 됐다.

"그래, 나 좀 가난하다."

자신에게 이처럼 크게 소리치고 나면 속이 후련해졌다. 그리고 그 뒤부터 부끄럽지 않은 것을 절대 부끄러워하지 않으면서 살려고 노력하게 되었고, 어느 정도 성과를 거두었다. 내 인생에서 참으로 소중한 경험이었다. 이와 같이 나는 가난하고 약해도 비굴하지 않고, 당당하고 밝게 세상을 보는 법을 훈련하고 연습하기 시작했다. 그 근사한 멋을 부릴 줄 아는 사람이 되는 것을 연습하게 된 것이다.

내가 자라난 교회에는 부자 장로님이 한 분 계셨다. 그분은 교회 재정의 3분의 1 정도를 혼자서 연보하셨다. 장로님은 나를 언제나 가족처럼 가깝게 대하셨다. 어느 날 교회 당회에 올릴 안이 하나 있어서 장로님에게 부탁을 드렸다. 장로님이 나를 아끼셨기 때문에 장로님에게 부탁을 드리면 당회에 잘 말씀해주실 것 같았다. 또 그분이 교회에 헌금을 많이 하시는 터라, 당회에서도 빨리 결정이 나리라 생각했다.

그런데 뜻밖에도 장로님은 내 부탁을 거절하셨다. 그리고 아주 조심스럽게 이런 말씀을 해주셨다.

"전도사님이 아시다시피 제가 교회에 헌금을 좀 많이 하지 않습니까? 그래서 저는 당회에서 이야기를 잘 안 하려고 합니다. 연보를 많이 하거나 말을 많이 하거나, 둘 가운데 하나만 많이 해야지, 둘 다 많이 하면 못 씁니다."

돈처럼 힘이 있는 것이 세상에는 많지 않다. 돈이 주는 힘 때문에 사람들은 돈을 좋아하고 부자가 되고 싶어한다. 그런데 부자이면서도 돈의 힘을 과시하지 않으려고 애쓰는 사람을 나는 그때 처음 보았다. 그 후로는 그런 사람들을 볼 수가 없었다.

자신의 부를 과시하고 그 힘을 함부로 남용하며 사는 졸부들에게서 우리는 절대 훌륭함과 위대함을 느끼지 못한다. 그들은 스스로 착각하여 으스대고 뽐내지만 그것은 정말 그들만의 착각이다. 우리 가운데 아무도 그런 졸부들의 행태 속에서 훌륭함과 위대함을 느끼진 못할 것이다.

　가난한 자는 당당할 때 아름답다. 그러나 부자는 겸손할 때 아름답다. 당당한 가난과 겸손함 부는 어느 것이 더 훌륭하고 위대하다고 할 수 없을 만큼 공평하게 훌륭하고 아름답다. 그리고 위대하다. 나는 그와 같은 생각들을 통하여 훌륭하고 위대한 사람이 된다는 것은 꼭 세상에서 성공하고 출세하여 부자가 되는 것만은 아니구나 하는 것을 알게 되었다. 사람은 가난함과 부유함에 상관없이 그 사람됨에 따라 훌륭해지고 위대해진다.

　나는 마음속으로 이렇게 다짐하였다.


　만일 가난하게 된다면, 나는 당당해야지.
　만일 내가 부자가 되고 성공하게 되면, 꼭 겸손해져야지.


　이런 다짐을 하면서 가난하든 부유하든 이렇게만 살 수 있다면 나는 정말 잘살 수 있다는 것을 알게 되었다. 사도 바울은 부유한데도 처할 줄 알고 비천한 데도 처할 줄 알아 언제나 자족할 줄 아는 지경에 이르게 되었다는 고백을 한 적이 있다. 겸손한 부와 당당한 가난, 그것이 바로 부한 데도 처할 줄 아는 것, 그리고 비천한

데도 처할 줄 아는 것이다. 이 정도에 이르게 되는 순간, 가난하면 가난한 대로 잘살고 부하면 부한 대로 잘사는, 정말 언제나 잘 사는 사람이 될 것이다.

정말 가난해도 당당할 수 있을까? 정말 부유해져도 겸손할 수 있을까? 나는 정말 그런 사람이 되고 싶다. 가난해도 당당하고 부자가 되어도 겸손한 그런 사람이 되고 싶다.

정직은 신용이 되고 신용은 돈이 된다

## 병원에 입원한 친구에게
## 밀린 공부를 가르친 브라운

영락교회에서 고등부를 맡아 섬기고 있을 때였다. 고등학교 3학년짜리 학생 하나가 나를 찾아와, "목사님, 공부가 인생의 전부인가요?"라고 물었다. 나는 길게 설명하지 않고, 그냥 "아니다"라고만 간단히 대답해주었다. 좀 싱겁다고 느끼면서, 나는 그냥 돌아서 가려는 그 학생에게 대뜸 "너, 공부 못하지?" 하고 묻고야 말았다. 학생은 당황하며 "네"라고 대답했다. 그런 학생에게 "내가 이제껏 공부 잘하는 놈 치고 그런 질문 하는 놈을 본 적이 없단다"라고 말했다.

학생이 너무 어쩔 줄 몰라 하기에 미안한 마음이 들어서 '일부러 너 망신 주려고 그런 게 아니다'라며 이야기를 이어갔다. 다시 정색을 하고선 아주 진지하게 또 물었다. "네가 지금 공부를 잘 못하는 이유가 공부가 인생의 전부가 아니라는 확신 때문이냐, 아니면 게을러서 공부를 안 해놓고 핑계를 대려는 것이냐?" 머리를 긁적이던 학생의 대답은 이랬다. "핑계가 맞습니다."

나는 그 아이에게 그런 쓸데없는 논리로 자신을 합리화하고 핑

행복한 부자를 위한 5가지 원칙

계 대지 말고 차라리 그 시간에 열심히 공부하라고 일러주었다. 다행히 하나님의 은혜로 좀 도발적이면서도 충격적이었던 그날의 학생과의 대화는 틀어지지 않고 잘 마무리가 되었다. 그 학생은 그해에는 대학 진학에 실패했지만, 다음 해에는 자기가 원하던 대학에 진학했다.

살다 보면 공부를 잘할 수도 있고 좀 못할 수도 있는 것이다. 성실할 수도 있고, 좋은 일은 아니지만 좀 게으를 수도 있다. 나는 공부를 잘 못하는 것도 인정할 수 있고, 좀 게을러서 실패하는 것도 인정할 수 있다. 사람이 어떻게 언제나 성실하기만 하고 언제나 성공만 할 수 있겠는가?

그러나 자신이 게으르고 부족해서 공부를 못하면서, '공부가 인생의 전부냐'는 식으로 자기를 합리화하지는 말았으면 좋겠다. 그리고 함부로 '그깟 공부 잘하는 놈들' 하며 남의 승리와 성공을 헐뜯고 흠집 내려는 짓도 하지 않았으면 좋겠다. **비겁한 일이기 때문**이다.

물론 나는 부조리한 사회 구조 때문에 최선을 다하지 않고도 성공하고 승리하거나, 최선을 다했는데도 성공하지 못하고 승리하지 못하는 경우가 있다는 것을 안다. 그것이 우리 사회의 근본적인 문제라는 것도 인정한다. 그러나 자기가 최선을 다하지 않고도 무조건 그것이 사회 구조의 문제라고만 몰아붙이는 것은 별로 좋아 보이지 않는다. 사랑하는 우리 아이들이나 여러분들은, 불의한 사회 구조를 이용해 남들을 억울하게 만들면서까지 성공하고 승리하는 사람에 대해서는 비판하고, 정말 성실하게 최선을 다해 성공한 사람들에 대해서는 그 자체로 인정하고 솔직하게 축하해줄 줄 아는 사람이 되었으면 좋겠다.

영국에서 실제로 있었던 이야기를 하나 소개하겠다. 이민을 온 일본인 학생 한 명이 한 고등학교에 등록을 하게 되었다. 그 학교에 일본 학생이 오기 전까지는 브라운이라는 학생이 늘 전교 1등을 했었다. 그런데 일본 학생이 오면서부터 전교 1등 자리가 그만 바뀌고 말았다. 시험을 볼 때마다 일본 학생이 전교 1등을 맡아놓고 하는 것이었다.

영국 아이들은 몹시 자존심이 상했다. 그것은 브라운도 마찬가지였다. 최선을 다해 1등 자리를 되찾아보려고 노력했으나 시험만 보면 번번이 일본 학생이 전교 1등을 차지하곤 했다. 그러던 중 일본 학생이 그만 병이 들어 병원에 입원하게 되었다. 꽤 여러 날을 병원에 입원해 있었고, 퇴원 후 얼마 되지 않아 시험일이 다가왔다.

많은 학생들은 이번만큼은 당연히 브라운이 전교 1등을 할 것이라 짐작했다. 그런데 결과는 예상밖이었다. 이번에도 일본 학생이 전교 1등을 했던 것이다. 병원에 입원하는 바람에 학교 수업도 제대로 듣지 못한 일본 학생이 또 전교 1등을 했다는 것은 참으로 놀라운 일이었다. 학생들과 교사들 모두 어떻게 그리 되었는지 무척 궁금했다. 일본 학생이 눈물을 흘리며 그 이유를 설명해주었다. 그것은 일본 학생이 병원에 입원해 있는 동안 브라운이 날마다 병원에 찾아와 그날 학교에서 배운 것을 가르쳐주었기 때문이었다.

나는 그 이야기를 들으면서 참으로 많은 감동을 받았다. 입원해 있어서 충분히 공부를 할 수 없었는데도 전교 1등을 놓치지 않은 일본 학생도 대단하지만, 자기 경쟁 상대라고 할 수 있는 일본 학생에게 학교에서 배운 내용을 전해주고 노트를 베끼게 해준 브라운이라는 학생이 참으로 대단해 보였다.

남이 1등하는 것을 눈꼴시게 보고, 어떻게 해서든 끌어내리려고 하는 비열한 본성이 우리 인간들에게 있다. 그럼에도 불구하고 브라운은 최선을 다해 차지한 2등을 부끄러워하지 아니하고 경쟁 상대일 수도 있는 상대방의 1등을 진심으로 축하해주고 또 그렇게 할 수 있도록 도와주기까지 했다니, 너무나도 훌륭하고 근사한 일이 아닐 수 없다. 내 아이들도 이런 심성을 가지고 살았으면 좋겠다.

한번은 독일에서 유학을 하고 온 후배 목사로부터 아주 귀중한 이야기를 들었다. 그가 유학 중에 직접 목격한 일인데, 금방 결혼한 신혼부부가 17년 된, 아예 고물차에 가까워진 중고차를 예쁘게 장식하고 깡통을 달고는 아무렇지도 않다는 듯이 타고 가더라는 것이다. 17년이나 된 고물차, 그것도 잔뜩 녹슬고, 문도 제대로 닫히지 않는 차를 신혼여행 차로 꾸며 타고 다닐 수 있는 힘은 도대체 어디에서 나오는 걸까 하며 놀랍기도 하고 감탄스럽기도 했다고 한다.

나는 내 아이들이 벤츠를 타는 사람이 되기보다는(솔직히 바라지 않는 건 아니다) 17년 된 고물차를 타고도 조금도 기죽지 않고 당당하게, 밝게 살 수 있는 사람이 되었으면 좋겠다. 그 당당함과 자신

정직은 신용이 되고 신용은 돈이 된다

감을 어떻게 벤츠와 비교할 수 있겠는가? 그러나 그에 못지않게 17년 된 고물차를 타고 다니면서도 벤츠를 탄 사람들을 인정해주면서 무조건 시기하지 않고, 한 걸음 더 나아가 축하해줄 수 있는 여유와 자신감이 있는 사람들이 되었으면 좋겠다.

모든 성공과 모든 승리를 다 불의한 사회 구조 때문이라고만 생각해서 성공과 승리라면 모두 부정하고 죄악시하여 공격하려 드는 것은 옳지 않다. 그런 사고방식은 어쩌면 사회주의적인 사고방식이 아닌가 생각하는데, 이런 사고방식이 지배하던 세상은 지난 100년의 실험을 끝으로 이미 실패했다고 판명이 난 셈이다.

사회 구조 자체에 불의한 구석이 없다고는 생각하지 않는다. 나도 그런 불합리한 구조는 바꿔야 한다고 생각한다. 나는 사랑하는 내 아이들이 그와 같은 불공평한 구조를 이용하여 쉽게, 쉽게 인생의 성공과 승리를 도적질하진 않았으면 좋겠다. 큰 교회의 목사 아들이 단지 목사 아들이라는 이유로 갖은 특권과 지위를 누리고 그것을 백분 활용하여 아버지의 교회를 세습하는 것은 옳지 않다고 생각한다. 공정하지 않기 때문이다. 큰 교회의 목사 아들은 아니지만, 나름대로 열심히 성실하게 공부하며 목회의 길을 쌓아 올라가는 많은 목회자들에게 절망감을 가져다주기에 충분하기 때문이다.

대형 교회의 목사 아들도, 그렇지 못한 가난한 신학생과 목회자도 공정한 기준과 상황에서 경쟁할 수 있는 구조를 깨트려서는 안 된다. 나도 이제 제법 세상의 기득권층에 속하는 사람이 되었으므로, 사랑하는 내 아이들도 기득권만 잘 이용하면 남들보다 쉽게 자신의 목적을 달성할 수 있을 것이다. 나라고 그런 마음이 없는 것은 아니나, 나는 그런 마음이 들 때마다 끝까지 자신과 싸울 것이다. 혀를 깨무는 한이 있더라도, 사랑하는 내 아이들을 다른 아이들과 똑같은 조건에서 경쟁하도록 몰아붙일 작정이다.

나는 세상의 불의한 구조 속에서 한 번도 공정한 경쟁을 하지 못한 채, 허무하게 자신의 승리와 성공을 도둑질 당한 사람들의 마음을 십분 이해할 수 있다. 그들이 마음속에 어떤 분노를 품고 사는지도 안다. 과연 내가 그렇게 할 수 있을지는 모르겠지만, 나는 가능하면 그들의 편을 들어주고 싶다. 하지만 자신의 게으름과 실수마저도 다 세상의 불의한 구조 탓으로 돌리며 자기 합리화하면서, 성공과 승리라는 말만 들어도 무조건 시기하고 정죄하고 공격하려는 자세에는 절대 찬성할 수가 없다.

적어도 내 아이들에게는 공정하게 게임하라고 말하겠다. 그리고 언제 어디서나 정정당당하게 살라고 가르치겠다. 최선을 다했으나 패배하였다면 그때는 깨끗하게 자신의 패배를 인정하고, 상대방의 승리도 존중할 줄 알아야 하며, 더 나아가 사심 없이 축하해줄 줄 아는 사람이 되라고 가르치고 싶다. 그래야 세상이 발전한다고 생각한다.

무엇보다 나는 내 아이들에게 최선을 다해서 결국 승리하는 게임을 하라고 가르치고 싶다. 승리를 하찮은 것이나 아무것도 아닌 것으로 가르치고 싶지 않다. 우리 아이들이 공정하게만 게임을 한다면 최선을 다하여 꼭 승리하라고 말하고 싶다. 고지를 정

정직은 신용이 되고 신용은 돈이 된다

복하라고 가르치고 싶다. 자세를 낮추는 것은 좋으나 실력을 낮추어서는 안 된다고 가르치고 싶다.

사회 모든 분야에서 성실하게 승리한 사람들을 볼 때마다 나는 자연스럽게 우리 아이들을 떠올린다. 그리고 기도한다. "우리 아이들도 저 자리에 서게 해주옵소서." 그리고 손가락을 꼽으며 계산한다. "앞으로 몇 년쯤 뒤면, 우리 아이들이 저 자리에 설 수 있을까? 그리고 그때까지 내가 살아는 있을까? 죽어서 천국에서 봐도 아무 문제없지만, 하나님이 허락만 해주신다면 그 자리에 내가 함께 있을 수 있다면 얼마나 좋을까?" 나는 매일 이렇게 기도한다.

그러나 한편으로는 자신의 게임에서 최선을 다해 승리한 아이들이 그 승리감에 도취되어 교만해지지는 않을까 두렵다. 패배한 자를 우습게 여기며 깔보는 사람이 될까봐 두렵다. 그들을 함부로 대해도 되는 패잔병 취급하는 바보 같은 사람이 될까봐 두렵다. 게임에서의 승리와 패배를 마치 인간 자체가 승리하고 패배한 것으로 착각하게 될까봐 두렵다. 나는 아이들이 최선을 다한 패배자의 노력을 인정하고, 결국 승리와 패배는 별 차이가 없다는 것을 승자의 입장에서도 인정할 줄 아는 사람이 되길 바란다. 패배자를 격려해주고 그들과 어깨에 손을 올리는 친구가 되고, 때로는 그들을 돕기도 하고 때로는 그들의 도움도 받을 줄 아는 진정한 승리자가 되길 바란다.

세상의 모든 문제는 한마디로 가진 자와 가지지 못한 자의 갈등에서부터 출발한다고 해도 과언이 아니다. 계급 간의 갈등과 투쟁 때문에 세상은 한시도 편안한 날이 없다. 사람들은 계급을 없애는 것으로 문제를 해결하려고 하지만 그것은 불가능한 일이다. 높은 산이 있으면 낮은 계곡이 있고, 큰 바다가 있는가 하면 작은 실개천이 있는 것처럼, 사람도 강한 사람이 있는가 하면 약한 사람도 있고, 높은 사람이 있는가 하면 낮은 사람도 있는 것이다. 그것을 강제적으로, 인위적으로 조정할 수는 없을 것이다. 그리고 그렇게 할 수 있다고 하여도 그렇게 해서는 안 된다.

가난한 사람도 없고, 부유한 사람도 없는 세상을 만드는 것이 아니라, 가난한 데도 처할 줄 아는 사람과 부한 데도 처할 줄 아는 사람들이 살아가는 세상을 만드는 것이 옳다. 그것이 훨씬 더 가능성이 있는 이야기다. 그리고 가난한 사람도 없고 부유한 사람도 없는 세상보다는 가난한 데도 처할 줄 아는 가난한 사람과 부한 데도 처할 줄 아는 부유한 사람들이 함께 어울려 서로 벗하며 사는 세상이 훨씬 더 훌륭하고 아름다운 것이다.

그래서 성경은 하나님의 나라를 이리와 어린 양이 함께 거하며 표범이 어린 염소와 함께 누우며 송아지와 어린 사자가 함께 뒹구는 그런 나라로 표현하고 있는 것이다(이사야 11장).

가난하나 당당하고 부유하나 겸손한 사람이 되어 이 세상의 영원한 숙제인 가난한 자와 부한 자의 갈등과 투쟁을 종식시킬 수 있게 되기를 간절히 기도한다.

정직은 신용이 되고 신용은 돈이 된다

# 편법을 쓰지 않고 원칙을 지켜 얻은 땅

2001년 10월 7일 10년 가까이 섬기던 교회를 사임하고 높은뜻 숭의교회를 개척하였다. 숭의여자대학 강당을 예배당으로 빌려 예배를 드리기 시작했는데, 하나님의 은혜로 2년 9개월 정도가 지나자 주일 예배에 출석하는 성도가 3천 명을 육박하는 교회로 성장하게 되었다.

처음에는 학교 강당을 예배당으로 사용하는 것이 아무 문제가 없었지만, 시간이 흐를수록 사무실과 교육관이 문제가 되었다. 적지 않은 임대료를 주면서 건물을 임대했지만 그것도 문제가 없는 건 아니었다. 그래서 사무실과 교육관으로 쓸 건물을 위해서 기도하던 중 마침 아주 좋은 건물 하나가 매물로 나왔고, 결국 매입하기로 결정했다.

하지만 건물 매입을 위한 돈을 따로 모아놓지 않았기 때문에 은행에서 대출을 받아야 했다. 30억 원이라는 액수가 적은 것은 아니지만, 교회 재정 상황을 고려하면 그다지 부담스러운 정도는 아니라서 별 염려하지 않고 은행에 대출을 신청했다. 전에 있던 교회에서도 대출받은 경험이 있는데, 그때도 아주 쉽게 일이 진행되었다. 게다가 그때보다 교회 재정 규모가 두 배 가까이 되는 높은뜻 숭의교회이니 대출 신청에는 아무 문제가 없을 거라고 생각했다.

그러나 은행에서 대출 조건을 심사하는 데 고려하는 것은 단지 재정 규모만이 아니었다. 재정 규모 못지않게 교회의 역사를 중요사 다루었다. 높은뜻 숭의교회는 재정 규모에서는 별로 문제가 없었지만 역사가 너무 짧아 안정성 면에서 신뢰가 부족했다.

결국 대출 심사에서 불합격하고 말았다. 한국 재계에 '내로라하는' 분이 보증까지 섰지만 결국 대출을 받지 못했다. 상상조차 못한 일이었다. 다른 은행을 찾아가 다시 시도했지만 결과는 마찬가지였다. 불합격 통지를 받았던 것이다. 겨우 사정사정해서 은행 심사팀과의 미팅 약속을 잡았으나, 이미 부적격 판정을 받은 상황에서 그것을 뒤집기란 쉽지 않았다.

대출을 받지 못하면 결국 그 욕심나는 건물을 놓치게 된다고 생각하니 점점 불안해지기 시작했다. 우리가 매입하려던 건물은 정말 놓치기 아까운, 아니 놓쳐서는 안 되는 건물이었다. 욕심이 커지니 점점 눈이 어두워지기 시작하였다. 어떻게든 은행 대출을 받아야만 한다는 생각이 들면서 "아, 이래서 사람들이 은행 대출 받으면서 커미션 운운하는 거구나" 하는 것을 새삼 깨닫게 되었다. 물론 대출 심사하는 사람들이 그 정도 눈치가 없을 리 없지만(이번 은행 대출 일로 여러 사람들을 만나면서 우리나라도 많이 좋아지고 깨끗해졌구나 하는 좋은 느낌을 받았다), 어쩌다 보니 혼자 그런 생각까지

하게 되었다.

이러다간 안 되겠다는 생각이 들어, 하던 생각을 멈추고선 먼저 원칙을 정해보기로 했다. 아주 간단한 원칙들이었다.

"은행 대출을 못 받는 한이 있더라도, 그 때문에 정말 우리 교회에 꼭 필요한 저 건물을 매입하지 못하고 저 건물이 다른 사람 손에 넘어가는 한이 있더라도, 절대로 편법은 쓰지 않겠다. 부정한 방법으로는 절대 대출을 받지 않겠다."

그렇게 결심하기까지는 쉽지 않았지만 막상 그렇게 결심을 하고 나니 오히려 마음이 편안해졌다. 그러고는 계속 기도하면서, 대출 심사 팀을 어떻게 설득하면 대출을 받아낼 수 있을지 신경을 집중하였다.

은행이 우리 교회를 신뢰하지 못하는 가장 큰 이유 가운데 하나는 "어떻게 시가 수십억 원짜리 건물을 매입하려고 하는 교회에서, 단 몇억 원도 모아놓지 않았느냐?"는 것이었다. 그러면서 우리 높은뜻 숭의교회를 계획성이 없는 무모한 교회로 판단한 것 같았다.

다음 날 심사팀을 만나 이야기를 나누면서 왜 우리 교회가 건물 매입을 위한 돈을 비축하지 않았는지를 자세히 설명해주었다. 교회를 시작하면서부터 예배당을 짓고 교육관을 구입하는 일이 교회의 가장 중요한 사명이라고 생각하지 않았다는 것과, 교회의 가장 중요한 사명은 구제와 선교라고 생각하여, 거기에 먼저 돈을 지출하다 보니 건물 매입을 위한 돈은 미처 비축하지 못했다는 내용을 그 동안의 교회 회계 보고서를 제시하면서 조목조목 설명하였다.

미팅은 예상 외로 20여 분 만에 아주 쉽게 끝났다. 결국 은행은 처음 결정을 번복하고 우리 교회에 대출을 해주기로 결론을 내렸다. 건물을 매입하기 위해 계획적으로 저축하지 않았다는 점이 우리 교회의 치명적인 약점임에도, 도리어 그것이 우리 교회의 장점이 되어 그들에게 건강한 교회라는 인상을 심어주면서 신뢰감을 준 것이었다. 은행으로부터 대출 약속을 받아낸 다음 날 우리 교회는 무사히 건물 매입 계약을 할 수 있었다. 춤을 추고 싶을 만큼 기뻤다. 은행에서 대출받게 된 것도 기뻤지만, 나로서는 편법을 쓰지 않고 원칙을 지켜가면서 일을 성사시켰다는 것이 무엇보다 신나고 자랑스러웠다.

교인 한 분이 천안에 있는 과수원 부지 4천 평을 교회에 수련원 부지로 기증해주셨다. 교육과 훈련을 그 어떤 일보다 더 중요하게 생각하는 우리 교회로서는 꼭 필요한 땅이었기 때문에 감사한 마음으로 그 땅을 받았다.

도로변에서부터 기증받은 땅으로 가기까지 2천 평 정도의 양계장이 있었다. 여러 가지를 검토한 끝에 그 양계장도 매입해야 한다는 결론이 났고, 결국 양계장 땅을 계약하게 되었다. 그런데 그때 문제가 생겼다. 계약금과 중도금을 치른 뒤라 잔금만 치르면 되는 상황이었는데, 그 땅의 용도가 목장지라서 교회 이름으로는 등기를 할 수 없다는 것이었다. 참 당황스러운 일이었다. 그 땅은 수련원을 위해 꼭 필요한 땅이라서 포기할 수가 없었다.

생각이 많아지고, 염려가 많아지면서 나는 또 원칙을 세우고 이

정직은 신용이 되고 신용은 돈이 된다

문제를 풀어나가기로 했다. 그리고 원칙을 세웠다. 그 원칙도 간단한 것이었다.

"그 땅을 인수하지 못하는 한이 있어도 절대로 편법을 쓰지는 않겠다."

당시로서는 편법을 쓰지 않겠다는 원칙은 곧 그 땅을 포기하겠다는 것과 같은 것이었다. 천안 시청에 문의해도 교회 앞으로는 등기가 불가능하다는 답을 들었고, 법무사 사무소와 행정 사무소에 문의를 해도 똑같은 답을 들어야 했다.

교인 가운데 변호사 몇 분이 있었는데, 혹시나 하는 마음으로 한 분께 천안 땅 문제를 의논 드렸더니, 그 변호사는 그 문제를 자기 사무실로 가지고 가서 동료 변호사와 함께 검토하고 연구하기 시작하였다. 그러다가 매우 중요한 사실을 알게 되었다.

목장지는 농지와 달라서 교회 이름으로 등기가 가능하다는 것이었다. 그 동안 천안 시청이나 법무사 사무소, 그리고 행정 사무소에서는 목장지와 농지가 같은 법의 적용을 받는 것이라고 잘못 알고 있었던 것이다. 결국 우리는 합법적으로 그 땅을 교회 이름으로 등기를 올릴 수 있었다.

'할렐루야' 소리가 절로 나왔다. 땅을 등기하게 된 것도 기뻤지만, 원칙을 지키면 땅을 등기할 가능성이 없어 보이는 상황에서도 편법을 쓰지 않고 원칙을 지켜냈다는 것이 기뻤고, 마침내 그 원칙에 따라 등기할 수 있게 된 것이 기뻤다. 마치 역전 만루 홈런을 친 야구선수가 된 기분이었다.

행복한 부자를 위한 5가지 원칙

이렇게 하여 우리 교회는 은행에서 대출을 받아 교육관으로 쓸 건물을 계약했고, 천안의 땅을 무사히 등기하는 매우 중요한 일에 성공을 거두었다. 나는 이 두 가지 일을 조금 더 깊이 생각하게 되었다. "만약 편법을 쓰지 않고 원칙대로 일을 하겠다고 고집을 부리다가 은행에서 대출을 받지 못하고, 천안 땅을 결국 등기하지 못했다면 그것은 과연 실패한 것일까?"

그때 나는 매우 중요한 한 가지 사실을 깨닫게 되었다. 만약 그런 상황이 되었다고 해도 그것은 실패가 아니라 성공이라는 점이다. 그렇게 생각하니 정말 사실이 그랬다. 원칙을 지키기 위해 은행 대출과 천안 땅까지 포기할 수 있는 마음은 '대출을 받느냐, 못받느냐', '땅을 등기하느냐 못하느냐'의 문제보다 더 중요하다는 사실을 알게 되었다.

그런 것들을 인생에서의 진정한 성공과 승리라고 생각하면, '은행 대출을 받느냐, 못 받느냐', '천안 땅을 등기하느냐, 못 하느냐'라는 문제로부터 자유로워진다는 사실을 깨닫게 되었다. 그렇게 되면 세상의 그 어떤 조건에도 얽매이지 않고 참으로 자유하는 삶을 살 수 있게 되는 것이구나, 소중한 자유는 욕심에 얽매이지 아니하고 하나님의 말씀과 원칙을 지키려고 하는 데서부터 오는 것이구나 하는 깨달음을 얻게 되었다. 그와 같은 깨달음을 통해 나는 진정으로 자유함을 느꼈다. 그것이 바로 세상의 모든 여건과 조건과 결과와 무관하게 언제나 잘살고, 언제나 승리하는 삶의 비결이다.

정직은 신용이 되고 신용은 돈이 된다

무슨 수를 써서라도 꼭 은행 대출을 받아야만 한다는 욕심, 무슨 수를 써서라도 꼭 등기를 해야만 한다는 집념과 집착을 버리니 그곳에 자유가 있었다. 진정한 삶의 승리가 있었다.

나는 자유하는 사람이 되고 싶다. 세상에 그 어떤 것에도 얽매이지 않고, 욕심 때문에 죄 짓지 않고, 하나님의 식과 법과 원칙을 지키며 항상 기뻐하며 범사에 감사하는 삶을 살고 싶다.

# 강자가 약자를 섬기는 세상

세상은 참 불공평하다고 느껴질 때가 많다. 어떤 사람은 태어날 때부터 부자로 태어나고 어떤 사람은 태어날 때부터 가난한 사람으로 태어난다. 자신의 죄나 실수 같은 것들과는 아무 상관없이 어떤 사람은 부잣집에 태어나서 별로 고생 안 하고 부자로 살고, 어떤 사람은 가난한 집에서 태어나 고생하며 가난하게 산다.

왜 어떤 사람은 태어날 때부터 건강하고, 어떤 사람은 태어날 때부터 병약할까? 왜 어떤 사람들은 심지어 장애인으로 태어나는 것일까? 왜 어떤 사람은 똑똑한 사람으로 태어나고, 어떤 사람은 그렇지 못한 사람으로 태어나는 것일까? 이런 생각을 하다 보면 한도 끝도 없다. 하나님이 참 불공평하신 분이라는 엉뚱한 생각이 들기도 한다.

다른 것은 고사하고, 왜 하나님은 어떤 사람은 부자로 태어나게 하시고, 또 어떤 사람은 가난한 사람으로 태어나게 하시는 것일까? 내가 어찌 하나님의 뜻을 다 알겠으며, 하나님의 심오하고 깊으신 생각을 다 이해하겠는가마는, 혹시 이런 뜻이 아닐까 혼자 생

정직은 신용이 되고 신용은 돈이 된다

각해본다.

하나님은 천지만물을 창조하실 때 아주 예술적으로, 그리고 아주 과학적으로 창조하셨다. 고저장단(高低長短)이 있으며 강함과 약함이 조화를 이루어서 세상은 참으로 아름답고 생명으로 충만한 것이다.

고저장단과 약함과 강함은 단순히 예술적연 면 때문만이 아니다. 거기에는 매우 중요한 생명의 원칙과 원리가 담겨져 있다. 나는 그것을 '흐름'이라고 생각한다. 생명의 가장 중요한 원리와 원칙 가운데 하나는 바로 이 '흐름'이다. 물도 흘러야 깨끗해지고, 공기도 흘러야 맑아진다. 물이든 공기든 흐르지 않고 제자리에 고여 있으면 썩게 마련이다. 썩은 물과 공기로는 생명을 유지할 수가 없다.

'흐름'을 위한 가장 중요한 것은 고저장단, 그리고 강함과 약함이다. 고저장단이 없고 강함과 약함이 없다면 우리는 그것에서 흐름의 원동력을 얻어낼 수가 없을 것이다. 높은 곳이 없고 낮은 곳이 없다면 물은 어디서 어디로 어떻게 흐를 것이며, 강함과 약함이 없다면 바람은 어디서 시작되어 어디로 흘러갈 것인가? 높은 곳이 있고 낮은 곳이 있으므로 물은 사방으로 흐르는 것이고, 태풍과 같은 강한 힘이 있으므로 바람이 불어 공기가 맑아지고 세상이 깨끗해지는 것이 아니겠는가?

나는 바로 그와 같은 창조의 원리 때문에 때로는 불공평해 보이는 일들이 일어나는 것이 아닌가 하는 생각을 한다. 하나님은 사람을 공평하게 창조하지 않으신 것 같다. 어떤 사람은 강하고 어떤 사람은 약하게, 어떤 사람은 높고 어떤 사람은 낮게, 어떤 사람은 부자로 어떤 사람은 가난한 사람으로 창조하셨다. 이런 면에서 보면 하나님은 공평하신 하나님이 아니라 불공평하신 하나님이라고 할 수도 있다. 그런데 이 하나님의 불공평에도 뜻이 있다. 그것이 바로 '흐름'이다. 그러나 사람들은 고저장단과 강약이 없는 획일적인 평등을 공평한 것으로 받아들이는 것 같다. 사회주의가 내세우는 평등이 혹시 이와 비슷한 성격이 아닐까? 가난한 자도 없고 부유한 자도 없이 모두가 다 평등한 사회. 그러나 그것은 환상일 뿐이고 혹시 가능하다고 해도 참으로 무미건조한, 그래서 생명이 없는 평등일 것이다.

고저장단과 강약은 불공평과 불평등 자체다. 그런데 그 불공평과 불평등 때문에 흐름이 발생한다. 그리고 그 흐름에서 생명이 발생한다. 물도 흘러야 깨끗해지고 공기도 흘러야 맑아진다. 물이 고여 있으면 썩게 되고, 공기도 순환이 되지 않으면 탁해진다. 그것은 돈도 마찬가지다. 돈의 생명도 흐름에 있다. 혹시 돈의 흐름 때문에 부자도 있고 가난한 사람도 있는 것이 아닐까? 나는 경제학을 잘 모르지만 돈의 원활한 흐름을 연구하는 학문이 경제학이 아닐까 생각하고 있다.

흐름에도 원칙이란 게 있다. 모든 흐름은 높은 곳에서 낮은 곳으로, 강한 곳에서 약한 곳으로 흐른다는 것이다. 그리고 그와 같은 흐름을 통해 진정한 공평함이 이루어지며, 생명이 역사하게 되는 것이다.

그런데 이 흐름의 원칙이 인간에 의해 무너지고 있다. 그리고 그 흐름의 원칙이 무너지는 곳에서 문제가 생겨나고 있다. 어느새 인간 세상에서는 흐름이 역행하고 있다. 우리 인간 세상이 높은 데서 낮은 데로 흐르는 것이 아니라 역으로 낮은 데서 높은 곳으로 흐르며, 강한 데서 약한 곳으로 흐르는 것이 아니라 약한 데서 강한 곳으로 흐른다는 것이다.

돈만 해도 그렇다. 부자에게서 가난한 사람에게로 돈이 흘러야 하는데, 돈은 오히려 가난한 자에게서 부자에게로만 흐를 뿐 부자에게서 가난한 자로는 흐르지 않는다. 그리고 일단 부자에게 흘러 간 돈은 그곳에서 머물 뿐 더 이상 흐르지 않는다. 그리하여 자본주의의 가장 큰 문제라고 할 수 있는 빈익빈 부익부(貧益貧富益富) 현상이 일어나고 있는 것이다.

물론 선진국이라고 해서 다 완전한 것은 아니지만, 선진국의 특성은 후진국보다 부자에게서 가난한 자에게로 흐르는 돈의 상당량을 법과 시스템을 통해 이미 책정해 두었다는 데서 찾을 수 있다고 나는 생각한다.

건강한 세상을 만들기 위해 우리가 꼭 해야 할 두 가지 일이 있다. 그것은 첫째, 건강한 흐름의 시스템과 법을 연구하고 만드는 것이다. 둘째, 그와 같은 건강한 흐름을 어려서부터 아이들에게 교육하는 것이다. 강하고 부한 자의 책임(노블리스 오블리제, noblesse oblige)을 가르치는 것이다. 구약 성경 잠언에 보면, "마땅히 행할 길을 아이에게 가르치라 그리하면 늙어도 그것을 떠나지 아니하리라"(잠언 22장 6절)라는 말씀이 있다. 마땅히 어렸을 때 가르쳐야 할 것들 가운데 하나가, 나는 흐름의 원칙, 즉 '노블리스 오블리제'라고 생각한다. 그리고 성경에 가장 많이 나오는 말씀 가운데 하나도 바로 이 원칙이다. 그중 대표적인 말씀을 꼽으라면 로마서 15장 1절의 "믿음이 강한 우리는 마땅히 믿음이 약한 자의 약점을 담당하고 자기를 기쁘게 하지 아니할 것이라"는 말씀을 꼽을 수 있다.

인간의 타락과 범죄로 왜곡된 세상은 약자가 강자를 섬기게 되어 있지만, 본래 하나님이 창조하신 세상은 강자가 약자를 섬기게 되어 있다. 세상에는 세 가지 세상이 있을 수 있다. 하나는 강자와 약자가 없이 모두 다 평등한 세상, 또 하나는 약자가 강자를 섬기는 세상, 마지막 하나는 강자가 약자를 섬기는 세상이 그것이다.

여러분은 이 세 가지 세상 가운데 가장 살기 좋은 세상이 어떤 것이라고 생각하는가? 보통 사람들이 꿈꾸는 아름다운 세상은 강자와 약자가 따로 없이 모두 평등한 세상이라고 할 수 있다. 그러나 나는 강자가 약자를 섬기는 세상이 가장 아름답고 살기 좋은 세상이라고 생각한다. 그리고 그것이 하나님이 계획하시고 의도하시는 세상이 아닌가 싶다.

하나님은 인간을 창조하실 때 개개인을 다 다르게 창조하셨다. 하나님은 인간을 대량 복제품처럼 생산하지 않으신다. 한 사람 한 사람에게 각기 독특한 성격과 재능을 주셔서 어떤 사람은 이것이 강점이고 또 어떤 사람은 저것이 강점인 사람으로 창조하셨다. 그

정직은 신용이 되고 신용은 돈이 된다

것은 다시 말해 모든 사람은 강점과 약점을 동시에 지니고 태어난 다는 말이기도 하다. 선악과를 따먹고 죄를 범한 인간들은 하나님의 뜻과는 반대로 자신의 강점으로 자신을 섬기며 오히려 다른 사람들을 지배하려고 하지만, 하나님이 우리에게 강점을 주신 것은 자신을 섬기라 하심이 아니요, 자기 아닌 다른 사람들을 섬기라 하심이다. 내가 섬김을 받는다면 그것은 나의 강점 때문이 아니라 나의 약점 때문이어야 한다.

자신의 약한 부분을 통해 다른 사람들에게 섬김을 받고, 자신의 강한 부분을 통해 다른 사람과 세상을 섬기려고 하는 것, 그것이 나는 성경에서 발견된 하나님 나라, 즉 천국의 삶이라고 생각한다.

부유함과 가난함은 각자에게 나타나는 강함과 약함의 한 부분이다. 사람들은 부유함과 가난함을 강함과 약함의 전부로 이해하려하지만 꼭 그런 건 아니다. 단지 일부분에 지나지 않을 뿐만 아니라 좀더 양보해서 말해도, 중요한 부분 가운데 일부분일 뿐이다. 그러므로 성경적인 원리대로 산다면, 부자가 가난한 자를 섬겨야하는 것이다.

1982년 1월 19일자 조선일보라고 기억된다. 사회면에서 읽었던 기사 하나가 아직까지 잊혀지질 않는다. 태어날 때부터 정박아였던 아이들에게 직업 훈련을 시키다가 집세를 못 내 결국 쫓겨나게 된 어느 기관에 대한 기사였다.

그 다음다음 날인 1월 21일자 같은 신문 사회면에는 한 40대 부인 하나가 저들을 돕는 데 써달라며 수표 다섯 장과 190만 원을 들고 왔다는 기사가 실려 있었다. 그 부인은 끝내 자신의 이름을 밝히지 않았지만, 대신 자신이 왜 돈을 들고 왔는지를 설명하는 쪽지 하나를 신문사에 전했다. 그 쪽지에는 대략 다음과 같은 내용이 적혀 있었다.

어제 빨래를 하고 있는데 중학교에 다니는 둘째 아들이 신문을 들고, "어머니, 어머니, 우리가 도와줘야 할 사람들이 있어요." 하며 달려왔습니다. 신문을 읽고 보니 정말 우리가 도와야 할 사람들이라는 것을 알게 되었습니다. 저에게는 중학교와 고등학교에 다니는 두 아들이 있습니다. 둘 다 전교에서 1, 2등을 다투는 수재들입니다. 하나님께서 이와 같은 아들을 둘이나 주신 것은 자랑하거나 뽐내라는 게 아니라 그렇지 못한 약한 자들을 돕고 섬기라는 뜻일 겁니다. 그래서 집에 있는 돈 가운데 큰아이의 대학 입학금을 제외한 모든 돈을 가지고 왔습니다. 이 돈으로 밀린 집세도 물고 연탄도 사서 난방도 했으면 좋겠습니다. 하나님이 지금은 저희에게 이만한 심부름밖에는 시키시지 않으시지만 멀지 않은 훗날 더 큰 심부름을 시키실 것이라고 저는 믿습니다.

평생 잊을 수 없는 사건 가운데 하나다. 벌써 20년이 지난 일이지만 마치 어제 일처럼 그때 느꼈던 감동이 지금도 생생하다. 하나님께서 그와 같은 수재 아들을 둘씩이나 주신 것은 자랑하거나 뽐내라고 주신 것이 아니라 그렇지 못한 약한 자들을 돕고 섬기라고 주신

정직은 신용이 되고 신용은 돈이 된다

것이라는 말처럼, 하나님의 뜻과 의도를 잘 나타내는 말은 없다.

물론 이렇게 이야기하면, "그럼 하나님은 그런 일이 있으라고 어떤 사람을 정박아로 만드셨다는 거냐?"고 묻고 싶은 사람도 있을 것이다. 솔직히 나도 아직 그런 의문을 버리지 못했다. 그러나 노블리스 오블리제 정신을 실천하며 살면, 가난하고 어려운 일이 혹시 일어난다고 해도 지금과는 비교도 되지 않는 세상을 살 수도 있겠다는 생각은 든다.

그리고 과연 우리의 생각처럼 수재는 행복한 것이고 정박아는 불행한 것일까? 그런 섬김이 있을 때 수재도 행복하고 정박아도 행복한 것이 아닐까?

# My personal history
# and confession for 'money'

이번 여름에 참으로 오랜만에 온 가족이 3박 4일 여정으로 휴가를 다녀왔다. 어머니와 우리 부부, 그리고 세 아들과 며느리 한 명까지 모두 일곱 명이 함께한 아주 기분 좋은 여행이었다. 여러 날 전부터 아내와 함께 여행을 준비했다.

흐리멍덩한 여행이 되면 아이들이 다시는 우리와 함께 휴가를 가지 않을지도 모른다는 불안감(?) 때문이었다. 결론을 이야기하면, 다행스럽게도 우리 부부의 준비는 대단히 성공적이어서 특별한 일이 없는 한 당분간 아이들은 우리 부부를 자신들의 여름휴가에 끼워줄 것 같다.

3박 4일의 휴가 일정을 짜면서 나는 90분짜리 특강을 준비했다. A4 용지로 9장 분량의 원고를 준비했고 약간 떨리는 마음으로 아이들 앞에서 강의를 했다.

제목은 "My personal history and confession for 'Money'"였다. 나는 기본적으로 어떤 주제든 '돈'을 가지고 이야기하는 것이 가장 정직하다는 생각을 갖고 있다. 영어에 'put your money

정직은 신용이 되고 신용은 돈이 된다

where your mouth is'라는 말이 있는데, 바로 그와 같은 뜻이라고 할 수 있다.

인생과 신앙에 대해 이렇다저렇다 이야기하는 것은 어려운 일이 아니다. 그러나 돈을 걸고 이야기하는 것은 누구든지 그렇게 쉬운 일이 아니다. 나는 내 자녀들에게 인생과 철학과 삶과 신앙을 이야기하면서 말로만 때우고 싶지는 않았다. 그래서 돈을 걸고 말하고 싶었다. 돈에 대한 내 개인적인 라이프 스토리를 공개함으로써 아버지의 삶과 철학, 그리고 인생을 아이들에게 가르쳐주고 싶었다. 그리고 유언이랄 수도 있는 교훈을 심어주고 싶었다. 감사하게도 그런 내 의도는 실패하지 않았다.

나는 아이들에게 '나의 돈'에 대한 모든 것을 사실 그대로 낱낱이 다 발표해버렸다. 돈에 대한 히스토리는 물론이고 현재 가지고 있는 재산과 1년 동안의 수입과 지출을 정확하게 모두 공개했다. 그리고 돈과 재산에 대한 앞으로의 계획도 발표하였다.

여러분들에게 구체적인 내용과 수치를 다 밝힐 수는 없지만 돈에 대한 책을 쓰면서 그 내용을 어느 정도 밝히는 것이 좋을 것 같아 그날 아이들에게 했던 특강의 원고를 조심스럽게 오픈하려고 한다. 물론 여러분들에게 도움이 되길 바라기 때문이다.

다음은 그때 강의했던 내용을 요약한 것이다.

너희들이 어렸을 때부터 아버지는 너희에게 편지를 많이 썼다. 그 편지를 통해 많은 이야기를 나누고 교육을 했지만, 이렇게 직접 얼굴을 마주하고 강의를 하는 것은 처음이다. 조금 쑥스럽고 어색하지만 나름대로 열심히 강의안을 준비하였으니 잘 들어주기 바란다.

그다지 긴 인생을 살아오진 않았으나, 점점 나이가 들면서 성공적인 삶과 인생을 위해 무엇보다도 중요한 것이 바로 바른 인생관과 철학, 그리고 가치관을 가지는 것이라는 점을 느끼게 된다.

학교에서 하는 공부도 중요하지만 20대가 지나기 전에 자기 나름대로의 철학과 인생관을 정립할 수 있는 공부를 개인적으로 열심히 할 수 있기를 바란다. 그러기 위해 역사와 철학, 그리고 철학사를 정독하라고 권하고 싶고, 청년 시절에 성경이나 좋은 문학 작품들을 많이 읽으라고 덧붙이고 싶다.

바른 인생관과 철학을 가지기 위해서는 무엇보다도 돈에 대해 올바른 철학과 가치관을 가지는 것이 중요하다고 아버지는 생각한다. 부족하지만 나는 이제까지 돈에 대해 반듯한 사람이 되고자 하는 마음 하나를 가지고 살아왔다. 오늘 너희들에게, 너희들이 아니고는 누구에게도 공개할 수 없는 돈에 대한 아버지의 개인적인 히스토리를 말하고 그에 대해 고백하려고 한다. 아버지의 강의를 잘 듣고 돈에 대해 아버지보다 더 반듯하고 훌륭한 사람들이 되어다고.

나를 위해 쓰는 돈은 아끼고, 하나님과 다른 사람을 위해 쓰는 돈은 가급적 후하게 하라

너희들도 알다시피 아버지는 어렸을 때 무척 가난하게 살았다. 할아버지의 직업이 학교 수위셨는데, 당시 학교 수위의 월급으로는 쌀 두 가마를 미처 살 수 없는 형편이었다. 그래서 늘 돈 때문에 어려웠고, 지금 생각하면 별것 아니지만 나는 고등학교 때까지 돈 때문에 수학여행도 가지 못했다.

물론 가난해서 여윳돈이 없었기 때문이기도 하지만, 할머니는 돈에 대해 무척 엄하셔서 불필요하다고 생각되는 부분에 대해서는 절대로 돈을 주시는 법이 없었다. 그런 할머니의 기준으로 보면 수학여행이란 게 꼭 가지 않아도 되는 불필요한 것이었다. 그래서 나는 결국 한 번도 수학여행이라는 걸 가보지 못했다.

그런데 할머니가 무조건 돈에 대해 엄하고 인색했던 분은 아니었다. 꼭 필요하고 옳은 일이라면 가난한 형편과는 상관없이 후하셨다. 그 실례가 주일이면 교회에 갈 때마다 손에 쥐어주셨던 '연보 돈'이다. 나는 어렸을 때 '종이 돈'으로는 용돈을 받아본 적이 없었다. 그렇다고 '동전'으로 연보 돈을 받은 적도 없었다. 연보 돈은 언제나 후히 챙겨주셔서, 주일 학교 학생 가운데 나보다 더 많은 연보를 내는 아이가 없었다. 지금도 기억이 생생한데, 추수 감사 헌금으로 주신 헌금이 세법 큰돈이었던지 목사님께서 어른들 앞에서 조그만 아이가 헌금을 이렇게 많이 했다고 칭찬하셨을 정도였다.

그런 경험들이 내게 돈에 대한 매우 중요한 생각과 철학을 갖게 만들었다. 거창하게 들릴지도 모르겠으나, 그것은 '나를 위해 쓰는 돈은 아끼고, 하나님과 다른 사람을 위해 쓰는 돈은 가급적 후하게 하라'는 것이다. 스스로 이런 말을 하면 이상하게 여길지도 모르지만, 나는 비교적 하나님과 다른 사람을 위해 쓰는 돈에 관해서는 후한 편이라고 자부한다. 어려서부터의 훈련을 통하여 이루어진 것이라고 생각하고, 그래서 할머니께 감사한다.

'나를 위해 쓰는 돈은 아끼고, 하나님과 다른 사람을 위해 쓰는 돈은 가급적 후하게 쓰라'는 것이 내 삶에 있어서 가장 중요한 원칙 가운데 하나가 되었고, 이 쉽지 않은 원칙이 내 삶을 이만큼이라도 성공적으로 이끈 가장 중요한 원동력의 하나가 되었다. 나는 정말 그렇게 생각한다.

너희들이 잘 알고 있지만 너희 엄마는 본래 학교 교사였다. 둘째 지열이를 낳은 후 학교를 그만 둘 때까지 교직 생활을 했다. 결혼한 후 얼마 되지 않아, 엄마가 월급을 받아왔는데, 그 액수가 그 동안 우리가 썼던 생활비의 거의 세 배에 가까운 것이었다. 당시 교사의 월급이 지금보다 많았기 때문이 아니라 그만큼 우리는 가난했던 것이다. 어쨌든 엄마 월급 덕에 우리는 전보다 네 배나 되는 생활비를 쓸 수 있게 되었다.

제일 먼저 했던 일은 적금을 드는 것이었다. 적금 통장 두 개를 만들었다. 하나는 우리 가정을 위한 것이고, 또 하나는 하나님께 연보를 하기 위한 것이었다. 갑자기 생활이 넉넉해졌을 때 제일 먼

정직은 신용이 되고 신용은 돈이 된다

저 하고 싶었던 일이 하나님께 목돈을 드려보는 것이었다. 지금은 세월이 많이 흘러 그때 들었던 적금을 타서 어디에 썼는지 정확히 기억나지 않는다. 아마도 교회에 무조건 연보를 하지는 않은 것 같고, 짐작이지만 하나님이 기뻐하실 만한 일이라고 생각되는 데에 썼을 게 분명하다.

너희들이 알다시피 너희 엄마의 지갑에는 현찰이 5만 원 넘게 들어 있지 않다. 엄마는 지금까지 자기 자신과 우리 가정을 위해서는 할 수 있는 대로 절약하고 절제하는 생활을 했다. 그러나 구제하고 헌금하고 선교하는 데는 언제나 크고 후한 삶을 살아왔다. 가급적 나를 위해 쓰는 돈을 절약하고 하나님과 다른 사람을 위해 쓰는 돈에는 인색하지 말라는 것을, 그야말로 말이 아닌 삶으로 살아왔다고 이야기할 수 있다.

아껴야 할 때 낭비하는 것도 어리석고, 써야 할 때 쓰지 못하고 무조건 아끼기만 하는 것도 옳지 못하다. 아껴야 하는 돈을 함부로 낭비하는 사람도 되지 말고, 마땅히 써야 할 돈도 제대로 쓰지 못하는 사람도 되지 말라. 나를 위해 쓰는 돈은 가급적 아끼고, 하나님과 다른 사람을 위해 쓰는 돈은 가급적 후하게 쓰는 사람이 되도록 힘써라.

## 돈보다 더 중요한 것이 있다

지열이를 낳고 한 2년 정도 학교를 다닌 후 엄마는 학교를 그만 두었다. 예전 생활비의 세 배에 달하는 수입원을 포기한다는 것이 그리 쉬운 일은 아니었다. 그러나 우리는 정말 쉽게 결정을 내렸다. 결혼 전부터 나는 엄마에게 교사를 그만 두고 전적으로 아이들 양육에만 매달렸으면 좋겠다고 부탁해왔던 터였다. 엄마는 훗날 교장이 될 꿈을 꾸었을 정도로 착실하게 준비를 해왔지만, 뜻밖에도 순순히 나의 봉건적인(?) 생각에 동의해주었다.

나는 지금까지 그때 내가 했던 생각과 주장이 옳았는지에 대해서는 썩 자신이 없다. 여자는 언제나 자녀 양육을 위해 직장을 가지면 안 되는 것인지에 대해서도 그전처럼 고집을 부릴 마음은 없다. 그러나 분명한 것은 엄마의 희생이 그저 희생으로만 끝나지는 않았다는 점이다. 너희 셋을, 엄마는 너무도 잘 키웠다. 책을 사서 공부를 해가면서 너희들을 키웠다. 너희들이 초등학교 다닐 때는 집 열쇠를 주지 않았던 것으로 기억한다. 너희들이 학교에서 돌아올 때면 언제나 엄마는 집에서 너희들을 기다렸을 것이다. '거의'가 아니라 '언제나' 말이다.

어느 집 아이들 못지않게 너희들은 잘 자라주었다. 이게 그냥 우연히 된 건 아니다. 가장 큰 이유는 너희들 엄마의 희생 때문이었다. 맞벌이를 하는 부부의 자녀는 다 잘못되느냐고 물으면 물론 답은 '아니다'다. 나는 정말 그렇게 생각하지는 않는다. 그러나 분명한 것은 너희들이 반듯하게 자랄 수 있었던 건 너희 엄마의 희생과 절대로 무관하지 않다는 것이다.

그러나 여기서 이야기하려고 하는 것은 그것이 아니다. 그것은 나름대로 옳다고 생각하는 일을 위해 경제적으로 적지 않은 도움

정직은 신용이 되고 신용은 돈이 된다

이 되는 일을 그만 두었다는 점이다. 아버지와 엄마는 돈보다 더 중요한 것이 있다고 생각하였다. 그리고 그것을 위해서는 돈에 대한 유익함은 포기할 수 있어야 한다고 생각하였다.

돈은 중요한 것이다. 돈은 절대로 하찮은 것도 아니고 우스운 것도 아니다. 그러나 그럼에도 불구하고 돈이 가장 중요한 것이 되어서는 안 된다. 세상에는 돈보다 더 중요한 것들이 얼마나 많은지 모른다. 돈보다 더 중요한 일을 위해 돈을 포기하는 것만큼 중요한 일은 없다.

우리는 생활비의 세 배나 되는 돈을 과감히 포기하고 돈보다 더 중요하다고 생각하는 것을 선택했다. 그것이 바로 너희들이었다. 나는 지금도 그 선택이 옳았다고 생각한다. 지금 나는 너희들에게 이것을 가르쳐주고 싶다.

세상에는 돈보다 중요한 일이 있다. 돈 때문에 돈보다 더 중요한 일을 포기하는 것은 어리석은 일이다. 사람들이 겪는 대부분의 문제는 돈을 가장 중요한 것으로 여기며 살기 때문에 일어나는 것들이다. 그리하여 돈보다 더 중요한 것을 모르며, 돈 때문에 그것을 쉽게 포기하며 살아간다. 돈보다 더 중요한 일을 위해 돈을 포기할 줄 아는 사람이 되어라. 돈에 눈이 어두워 돈보다 더 중요한 일들을 놓치는 어리석은 사람이 되지 말아라.

돈은 중요한 것이다. 돈을 우습게 여기거나 하찮게 여기는 것은 건방지고 어리석은 짓이다. 그러나 돈을 자신의 삶에서 가장 중요한 가치로 삼는 사람은 그보다도 더 어리석은 사람이다. 돈을 중히 여기되 돈을 가장 중한 것으로 여기지는 말라.

## 돈을 우습게 여기지 말라

돈은 잘 벌고 바르게 쓰는 것이 모두 중요하다. 그 두 가지 다 똑같이 우리에겐 힘들고 어렵다. 그러나 돈에 대해서만큼은 반듯한 사람이 되려고 노력하거라. 돈에 대해 반듯한 사람은 모든 것에 대해 반듯할 수 있다고 아버지는 생각한다. 바르게 벌고 바르게 쓰는 사람이 되라는 말이다.

돈을 바르게 벌고 바르게 쓰기 위해 무엇보다도 중요한 것은 돈을 바르게 이해하고 인식하는 것이다. 돈에 대한 바른 이해와 인식에 대해 여러 가지를 이야기할 수 있지만 가장 중요한 두 가지를 대라면, 아버지는 '돈의 중요성'과 '돈의 한계성'을 들겠다. 돈의 한계성만 알고 돈의 중요성을 몰라도 곤란하고, 반대로 돈의 중요성만 알고 돈의 한계성을 몰라도 곤란하다고 할 수 있다.

돈은 중요한 것이지만 돈은 절대로 인간을 행복하게 해주지 못한다. 왜냐하면 인간은 돈보다 크고 귀한 존재여서 돈으로 채워지지 않기 때문이다. 솔로몬은 부귀와 영화와 쾌락에 관한 한 정말 전무후무한 삶을 살았던 사람이지만 그는 그의 전도서에서 '헛되고 헛되며 헛되고 헛되니 모든 것이 헛되도다. 모든 강물은 다 바다로 흐르되 바다를 채우지 못 하느니라'라고 고백했다. 솔로몬이 천하보다 크고 귀한 존재이므로 천하를 다 얻었지만 자신의 삶을 그것으로 채울 수는 없었다. 그와 같은 부귀와 영화와 쾌락으로 자신의 삶을 채우려고 했던 의도와 시도가 모두 헛되더라는 것이 솔로몬의 고백이다.

부자가 되면 행복해질 것이라는 환상은 잘못된 것이다. 그것은 말 그대로 환상일 뿐이다. 그러나 대부분의 사람들이 이와 같은 환상을 가지고 살아간다. 아버지는 너희들이 이와 같은 환상에서 자유할 수 있는 사람이 되기를 진심으로 소원한다. 부자가 되면 행복해질 것이라는 환상을 버리게 될 때라야 사람은 비로소 돈에 대한 욕심을 버릴 수 있으며, 그 욕심이 없어져야 돈을 바르게 벌고 또 바르게 쓸 줄 아는 사람이 될 수 있는 것이다.

그러나 돈에 대한 환상과 욕심을 버린다고 해서 무조건 돈을 경멸하거나 회피하는 삶을 살아서는 안 된다. 사람들에게는 부자가 되면 무조건 행복해지리라는 잘못된 환상이 있듯이 무조건 가난하면 행복할 것이라는 환상도 있다. 그러나 그 역시 잘못된 환상이다.

이 두 환상의 공통점이 있다면 그것은 '물질'이 행복의 조건이 되어 있다는 것이다. 하나는 부유함, 또 하나는 가난함을 이야기하고 있어 서로 정반대의 생각을 가지고 있지만 둘의 공통점은 그것이 둘 다 물질에 관한 것이라는 것이다. 사도 바울은 자신을 부한 데도 처할 줄 알고 비천한 데도 처할 줄 아는 사람이라고 표현하였다. 바울에게 부유함과 비천함은 행복한 삶의 중요한 조건이 되지 않았다는 것을 알 수 있다. 때문에 그는 부유하면 부유한 대로 가난하면 가난한 대로 살 것이라며 가난함과 부유함을 행복의 어떤 조건으로도 삼지 않았다.

아버지는 부함의 환상도 문제지만 가난의 환상도 문제라고 생각한다. 돈을 전부인 것처럼 생각하며 사는 것도 문제지만, 돈을 우습게 여겨 아무것도 아닌 것처럼 생각하며 사는 것도 문제라고 생각한다. 돈은 인생의 전부가 아니다. 그러나 그렇다고 돈이 아무것도 아닌 것은 아니다.

돈을 하찮은 것으로 생각하는 것을 멋으로 아는 사람들이 많다. 그러나 그것은 어리석고 건방진 것이다. 돈을 대단한 것으로 생각할 필요도 없지만, 그렇다고 해서 그것이 돈을 우습게 여기고 하찮게 여기라는 말은 아니다.

무조건 돈만 있으면 다인 줄 알고 수단과 방법을 가리지 않고 부자로만 살려고 하는 부끄러운 부자들이 많다. 그러나 모든 부자가 다 그런 것은 아니다. 그리고 부끄러운 부유함이 부끄러운 것이지 부유함 자체가 부끄러운 것은 아니다. 부유함 자체를 부끄러운 것으로, 더러운 것으로 매도하는 것은 옳지 않다.

우리 사회는 부자를 존경하기보다는 경멸하는 경향이 많다. 존경받을 만한 부자가 그 동안 거의 없었기 때문이었다. 그러다 보니 부자는 존경받지 못하는 사람이라는 인식이 자리잡게 되었다. 그러나 그와 같은 부정적인 인식은 사회 발전에 아주 치명적이 될 수 있다.

우리 사회는 청빈을 가장 존경하는 사회다. 물론 청빈은 훌륭한 것이다. 그러나 아버지는 청빈이 가장 존경받는 것에 대하여 동의

정직은 신용이 되고 신용은 돈이 된다

하지 않는다. 앞에서 어느 인텔리 부부가 아이들까지 다 데리고 산에 들어가 자연과 벗하며 아주 자유스럽게, 욕심 없이 살고 있더라는 이야기를 했다. 그 부부는 아이들을 학교에도 보내지 않고 마음껏 자연 속에서 뛰놀게 하며 키우고 있었다.

나는 그들을 보면서 참 용기 있다고 생각했다. 그리고 그런 용기를 가지고 그들처럼 살면 틀림없이 행복할 것이라고 생각했다. 그러나 아버지는 동시에 그들이 아주 무책임한 사람이라는 생각을 했다. 세상이야 어떻게 되든 상관없이 자기들만 행복하면 된다는 극단적인 이기심이 저들에게 있는 것이 아닌가 하는 생각을 하였다. 욕심을 버리고 사는 사람들의 욕심. 욕심을 버린 이기적인 사람들. 세상은 참 복잡하고 쉽지 않다.

아버지는 도가 지나치지 않는 범위 안에서 문명의 생활을 즐기는 것도 자연의 생활을 즐기는 것 못지않게 사람을 행복하게(물론 궁극적인 의미에서의 행복은 아니지만, 그래도) 해줄 수 있다고 생각하고, 사람이 그것을 즐기는 것이 크게 잘못된 일이라고 생각하지 않는다.

물론 가난하고 여유 없는 사람과 사회에 대한 도리(노블리스 오블리제)를 열심히 감당한다는 전제하에 아버지는 사람들이 여유 있는 삶을 사는 것에 대하여 반대하지 않는다. 세상은 도리만 강조하지만 그것은 공평하지 못하다. 도리만큼이나 건강하게 여유를 즐기는 것도 아버지는 중요하다고 생각한다.

깨끗하고 바르게 살기 위하여 선택할 수 있는 것이 가난밖에 없다면 가난하게 살아라. 그러나 무조건 가난을 훌륭한 것으로 생각하지 말아라. 훌륭한 삶을 살기 위하여 여유 있게, 부유하게 사는 일은 잘못된 일이라는 편견을 갖지 말거라.

도리와 여유의 균형을 잡는 일이 참으로 어려운 일이지만 가능한 한 그 균형을 잡기 위하여 노력하도록 하라. 삶이란 게 도리나 여유, 둘 가운데 어느 한 쪽으로만 너무 일방적으로 치우치지 않도록 조심해야 한다.

할 수 있거든 너무 옹색하게만 살지는 말아라. 너무 작은 집, 작은 차를 타야만 한다는 강박 관념에 사로잡히지 말라는 것이다. 큰 집에 살고 큰 차를 타야만 성공한 것이라는 유치한 생각도 하지 말라.

아버지가 존경하는 목사님 가운데 한 분이 계시던 교회가 제법 컸음에도 불구하고 소형차인 프라이드를 타고 다니셨다. 오래 전 일이긴 하다. 목사님은 농담 삼아 '프라이드가 없어서 프라이드를 탄다'라고 말씀하시곤 했다. 물론 깊은 생각에서 하신 말씀은 아니지만 아버지는 그 말이 옳다고 생각한다. 자기 프라이드를 위해 소형차를 타는 것은 프라이드를 위해 벤츠를 타는 것과 똑같은 것일 수 있기 때문이다. 물론 진정한 삶의 프라이드는 벤츠에서 나오는 것이 아니다. 그러나 그렇다고 해서 프라이드와 같은 소형차를 타야만 생기는 것도 아니다. 우리나라의 심각한 문제는 소중한 삶의 프라이드가 벤츠 아니면 프라이드에서만 나온다는 데 있다.

돈보다 귀한 것이 있단다. 그러나 돈도 귀한 것이란다. 돈의 한

정직은 신용이 되고 신용은 돈이 된다

계성도 알아야 하지만, 돈의 중요성도 알아야 한단다. 돈에 대한 도리도 알아야 하지만 그러나 돈이 주는 여유도 건강하게 누릴 줄 아는 사람이 되었으면 좋겠다.

## 돈 잘 쓰는 사람

너희들이 아주 어렸을 때 아버지는 교회에서 '돈 잘 쓰기 운동'이라는 것을 했다. 절약할 수 있는 것을 절약하고, 그 절약한 돈을 모아 정말 어려운 이웃을 돕자는 아주 평범한 운동이었다. 1년 예산이 7천만 원 정도였던 교회의 교인들이 매달 100만 원 정도의 회비를 모았고 그 돈을 교회는 전액 맹인 개안 수술비로 사용했다.

너희들도 그때 돈 잘 쓰기 운동 회원이었지. 한 달에 500원씩 회비를 내던……. 그때 부열이는 한 달 동안 잠들기 전에 이불 펴는 일을 해서 회비 500원을 벌었고(이불을 개서 이불장에 얹는 것은 힘들어 못한다고 해서 이불을 잡아당겨 바닥에 펴는 것만 하기로 했었다), 둘째 지열이는 손님이 오실 때마다 신발을 정리하기로 약속하고 회비 500원을 벌었다. 막내 정열이는 그때 세 돌이 좀 지났을 때인데 빈 방에 켜진 불을 끄기로 하고 회비 500원을 벌었지. 그 모든 일들은 너희들이 생각해내서 제안한 것들이란다.

아버지가 너희들을 키우면서 제일 열심히 가르치려고 했던 것 가운데 하나는 돈이다. 그리고 내 돈이라고 하는 돈 속에 하나님의 몫과 어려운 이웃의 몫이 있다는 것을 가르치려고 노력하였다. 그리고 감사하게도 너희들이 그와 같은 부모의 교육을 잘 따라주었다.

사실 내 주머니에 들어온 돈을 잘 쓰기란 참으로 힘든 일이다. 아버지도 그것이 아직 그렇게 자유스럽지 못하다. 그래서 아직도 구체적인 목표를 세워놓고 숙제하듯이 그 일을 하고 있다.

1982년 영락교회 부목사로 가면서부터 아버지는 경제적으로 어렵지 않게 되었다. 그것은 지금까지 마찬가지다. 그러나 나름대로 여유 있는 자의 도리를 다하려고 정말 열심히 노력했다. 여유 있는 삶이 너무 오래 지속되고 또 좀 지나치다 싶으면 운동 삼아 몇 년은 아주 여유 없이 쪼들리며 살면서 나머지 돈을 하나님과 다른 사람들을 위해 쓰곤 했다.

평소에도 수입과 지출에 대한 비율표를 만들어놓고 수입이 얼마가 되면 그 수입의 얼마를 하나님과 이웃을 위해 지출하겠다는 숙제를 스스로에게 내고 그 숙제를 하면서 살아왔다는 것을 너희들도 알 것이다. 작년 2003년에는 수입의 45.44퍼센트를 헌금과 구제와 선교를 위해 지출했다.

그렇게 살면서도 또 삶이 넉넉해지고 여유로워지면서 스스로 생각하기에 좀 지나치다 싶으면, 그때는 다이어트하듯 몇 년 동안 빠듯하게 살면서 스스로 가난하게 살곤 했다.

너희들이 이미 알고 있으리라고 생각하지만 몇 달 전 또 그와 같은 다이어트에 들어갔다. 이번 목표는 3년이다. 늘 아버지 지갑에는 돈이 넉넉하게 들어 있었는데 요즘은 5만 원 이상을 잘 가지고 다니지 못한다. 그럴 여유가 없어졌기 때문이다.

돈을 쓰는 것만 이야기한다면 아버지는 정말 남에게 크게 뒤질

정직은 신용이 되고 신용은 돈이 된다

마음이 없다. 아버지는 방위 출신이지만, 돈을 바르게 쓰는 것에 관한 한은 특전대처럼 스스로를 훈련하며 살아왔다.

그런데 애들아, 너희들이 알다시피 아버지는 그리 가난하지 않다. 돈을 바르게 잘 쓰려고 하는 아버지를 하나님이 좋게 보시고 열심히, 잘, 그리고 많이 쓰라고 나보다 더 열심히 채워주셨기 때문이라고 아버지는 생각하고 있다. 남들이 들으면 이상하다고 할지 모르나, 몇 년 동안 쪼들릴 각오를 하고 지출한 돈만큼씩 오히려 통장에 돈이 불어나더라. 쓰면 채워주시고, 쓰면 또 채워주시는 하나님을 아버지는 지금까지 경험하며, 체험하며 살아왔다. 너희들도 그와 같은 경험과 체험을 하면서 살기를 기도한다. 나는 그런 내 삶을 '엘리사의 기름병'이라고 표현한단다. 너희들 엘리사의 기름병이 무엇인지 알지?

(나는 아이들에게 하나님을 위하여 욕심의 다이어트를 할 때마다 얼마만큼의 돈을 썼는지를 구체적으로 밝히고 그때마다 구체적으로 얼마만큼의 돈들이 내 통장에 다시 들어오게 되었는지, 그리고 어떻게 그런 돈이 쌓일 수 있게 되었는지를 아주 구체적으로 이야기해주었다. 그러나 이 책에 그리 자세히 밝힐 수는 없어 생략하겠다.)

## 2003년도 재정 보고

너희들이 알고 있겠지만, 아버지는 2002년 11월부터 금전출납부를 기록해왔다. 아버지는 그 금전출납부 맨 앞장에 "사랑하는 아들 부열, 지열, 정열이에게 돈에 대하여 부끄러움이 없는 아비가 되기

위하여 남기는 기록"이라고 써놓았다. 그리고 금전출납부 7쪽에는
'누진표'를 만들어놓았다.

그러고는 거기에 다음과 같은 글을 적었다.

내가 쓸 돈과 하나님과 이웃을 위해 쓸 돈에 대해 다음과 같은 비율
을 정하고 실천하려고 한다. 총 수입을 10으로 잡고, 10분의 '몇'만
큼 지출하겠다는 내 목표이기도 하다. 너희들(부열, 지열, 정열)도 참
고하여 실천하며 살기를 기대한다.-노블리스 오블리게이션

| | |
|---|---|
| 월 200만 원 미만 | $\frac{1.5}{10}$ |
| 200만 원 ~ 500만 원 | $\frac{2}{10}$ |
| 500만 원 ~ 1,000만 원 | $\frac{2.5}{10}$ |
| 1,000만 원 ~ 1,500만 원 | $\frac{3}{10}$ |
| 1,500만 원 ~ 2,000만 원 | $\frac{3.5}{10}$ |
| 2,000만 원 ~ 2,500만 원 | $\frac{4}{10}$ |
| 2,500만 원 ~ 3,000만 원 | $\frac{4.5}{10}$ |

정직은 신용이 되고 신용은 돈이 된다

아버지의 금전출납부에 의하면 아버지의 2003년 총 수입은 x원이었다. 아버지가 스스로 정한 누진표에 의해 하나님과 이웃을 위해 지불된 금액은 총 y원이었다. 총 수입의 45.44퍼센트를 지출한 셈이다. 어쩌다 보니 미리 짜놓은 누진표보다 좀더 많이 지출되었다.

그래도 아버지 몫이 z원 정도 되는데 거기서 39퍼센트 세율이 적용되는 세금을 납부하였다. 물론 세금에 감면되는 사항이 많이 있고 엄마가 철저히 그것을 관리하여 많이 감면받긴 했지만, 적지 않은 세금을 납부하고 있다. 아직까지 한국에서 목사는 납세의 의무가 없지만 아버지는 자진해서 납부한단다.

결과적으로 수입만 보면 충분히 부자였지만 실제적인 생활에서는 부자가 아니었다. 물론 가난한 사람도 아니었다. 아버지는 아버지가 쓴 책인 《깨끗한 부자》의 깨끗한 부자가 되려고 나름대로는 열심히 노력했다. 도리와 여유의 균형을 맞추기 위해 물론 완전하지는 못하지만 열심히 노력했다. 너희들도 그렇게 살 수 있기를 기대한다. 아버지보다 더 나은 삶을 살기를 기도하고 기대한다.

앞으로의 계획

1. 앞으로 더 이상 재산을 늘리거나 노후를 위하여 저축하지 않을 계획이다.

2. 약 x억 원 정도를 하나님을 위하여 쓰고 싶다. x억 원의 절반 정도는 재산을 팔아서 만들고 싶고, 나머지 절반은 지금과 같이 계속 살다 보면 되지 않을까 싶다. 하나님이 허락하시면 그 이상의

목표도 달성할 수 있으리라 생각된다.

3. 너희 삼형제 공부하는 돈은 할 수 있는 대로 힘써 준비해볼 것이다. 그러나 가능한 한 부모에게 최소한으로 의존하기 바란다.

4. 아버지와 엄마는 노후에 연금으로 생활할 것이다. 특별한 이변이 없는 한 연금만으로도 큰 걱정 없이 살 수 있을 것이다. 그래도 너희 삼형제가 엄마 아버지의 생활비와 용돈 정도는 챙겨주었으면 좋겠다.

5. 재산의 절반은 하나님과 이웃을 위해 쓸 것이고, 남은 절반을 셋으로 나누어 너희들에게 줄 생각이다. 그것을 달란트 삼아 잘 생활하여 많은 달란트를 하나님과 이웃들에게 돌리는 사람들이 되기를 바란다.


## 아버지의 부탁

1. 정직하고 온전한 십일조를 드려라.

2. 거기서 그치지 말고 누진 십일조 생활을 하도록 하여라.

3. 가난한 자의 몫을 언제나 꼭 떼도록 하여라. 가난한 자를 업신여기지 말라.

4. 먹고사는 데 지나친 욕심을 부려 사치하지 않도록 조심해라.

5. 그러나 너무 금욕적으로 옹색한 삶을 살지는 말라. 도리와 여유의 균형을 잘 잡으며 살아라.

6. 정직한 돈만 벌도록 해라. 뇌물을 주지 말라.

7. 하나님을 가족으로 인식하고 현금이든 재산이든 하나님의 몫

정직은 신용이 되고 신용은 돈이 된다

을 똑같이 계산해라.

8. 삼형제가 우애를 돈돈히 하여 서로 돕고 살아라.

9. 그러나 할 수 있는 대로 다른 형제에게 폐를 끼치지 않도록 조심해라.

10. 조물주 하나님으로 물주를 삼고 살아라.


조심스럽고 부끄럽지만, 그리고 매우 위험한 일이지만 구체적인 금액만 밝히지 아니하고 내 아이들에게 교육하였던 자료를 여러분들에게 공개하는 바다. 세상에 돈에 대해 완전무결하게 깨끗한 사람은 없을 것이다. 나 역시 돈에 대하여 완전한 사람이 될 수는 없겠지만 그렇다고 맥 놓고 아무렇게나 살기는 싫었다.

이 글의 맨 앞에서도 이야기했지만 기본적으로 나는 무엇이든 돈을 가지고 이야기하는 것이 가장 정직하다는 생각을 갖고 있다. 나는 '돈'을 가지고 아이들에게 아름답고 훌륭한 인생에 대해 가르치고 싶었다. 돈으로 자신의 삶을 설명할 수 있고, 돈으로 자식들에게 인생을 가르칠 수 있는 부모들이 되도록 하자.

# 행복한
# 부자를 위한
# 제3원칙

깨끗한 빈자가 아닌 깨끗한 부자로 살아라

_우리가 마땅히 알아야 할 돈에 대한 지혜

# '깨끗한' 부자와 '깨끗한' 빈자

돈에 대한 기독교의 건강치 못한 두 극단이 있다. 앞에서도 말했지만 하나는 기복주의고 또 다른 하나는 영지주의다. 결론부터 이야기하자면 둘 다 옳지 않다. 기복주의란 돈을 복으로 여긴다는 면에서 옳지 않다. 돈은 복이 아니기 때문이다. 반대로 영지주의는 돈을 무조건 악한 것으로 여긴다는 면에서 마찬가지로 옳지 않다. 돈은 악도 아니기 때문이다. 기복주의는 예수를 잘 믿으면 부자가 된다고 생각한다. 반면 영지주의는 예수를 잘 믿으면 결국 부자가 될 수는 없을 것이라고 생각한다. 기복주의자들은 부자가 되어야 예수를 잘 믿은 것이 되고, 영지주의자들은 가난한 자가 되어야 예수를 잘 믿은 것이 된다. 그런데 둘 다 틀렸다.

예수를 잘 믿는 사람 가운데도 가난한 사람은 분명 있다. 꼭 예수를 잘못 믿었기 때문이 아니다. 오히려 예수를 잘 믿기 때문에 가난해진 사람도 정말 세상에는 있다. 그러므로 예수 믿으면 무조건 다 부자가 된다는 생각은 틀린 것이다. 그러나 예수 잘 믿는 사람 가운데는 부자도 있다. 사람들은 그가 세상과 적당히 타협했을

121

깨끗한 빈자가 아닌 깨끗한 부자로 살아라

것이라고 추측하지만 그렇지 않은 경우도 많다. 정말 정직하게 하나님의 식과 방법대로 사업을 하여 부자가 된 사람도 있다. 찾아보면 생각밖에 많다.

사람들은 내가 이렇게 이야기하면 '바늘귀를 통과한 부자'라고 조금 부정적으로 받아들이거나, 좀더 솔직하게는 빈정거리는 말투로 응대할 게 뻔하지만, 내가 보기에 바늘귀를 통과한 부자가 세상에는 분명히 있다. 그런 면에서 영지주의자들의 생각 역시 틀린 것이다.

이처럼 나는 청빈(淸貧)도 인정하고 청부(淸富)도 인정한다. 그러나 둘 중에 하나를 선택하라면 나는 '貧'도 선택하지 않고 '富'도 선택하지 않겠다. 나는 깨끗함, 즉 '淸'을 선택하겠다. 깨끗함을 선택한 후 그 깨끗함의 결과가 '富'로 나타나면 부하게 살겠다. 그 깨끗함의 결과가 '貧'으로 나타나면 나는 힘들어도 가난하게 살겠다. 그러나 나는 깨끗하게 사는 길이 가난함뿐이라고 생각하지는 않으며, 또한 깨끗하기 위하여 일부러 가난하게 사는 삶을 선택하지는 않겠다.

사람들은 내가 목사이기 때문에 당연히 부자이면 안 된다고 생각한다. 훌륭한 목사가 되려면 당연히 좀 가난해야만 한다고 생각하고, 그것을 강요한다. 그러나 나는 그 생각에 동의하지 않는다. 어느 날 장로님들의 모임에서 그런 내용의 이야기를 한 적이 있다. 말씀 도중에 장로님 한 분이 "예수님은 머리 둘 곳 없이 주리고 목말라 하시며 목회를 하셨는데 목사님은 그에 대해서는 어떻게 생

각하십니까?"라고 질문을 하셨다. 조금도 망설임 없이 나는 "그때
는 장로님들이 안 계셔서 그랬죠"라고 답을 하였다.

　이런 생각을 가지고 있는 나를 사람들은 돈에 대해 욕심이 많은
사람이라고 단정해버린다. 그 말이 틀린 것은 아니지만 좀 억울하
다는 생각이 든다. 좀 엉뚱한 이야기를 하나 해보겠다.

　요즘 우리 사회는 이라크 파병 문제로 의견이 분분하다. 그러나
그 문제는 생각처럼 그렇게 단순한 것이 아니다.

　나는 미국을 떠올릴 때면 아직도 인민군이 밀려내려와 부산까지
피난 갔던 6·25 시절부터 떠오른다. 그때 미국에서는 청년들을 이
땅에 파병해 국군을 도왔었다. 절대 잊어서는 안 된다고 생각한다.
내가 처음 미국을 방문했을 때 찾았던 알링턴 국립묘지에서 당시 우
리나라에서 전사한 이들의 명단이 대리석에 수도 없이 새겨져 있는
것을 보고 한참을 울었다. 저들의 죽음 덕에 지금 내가 여기 이 자리
에 서 있을 수 있구나 하는 어떤 감동 같은 것도 받았다. 그리고 그
때 느꼈던 감동은 지금도 변하지 않았다. 그런 면에서 미국은 정말
우리의 혈맹 가운데 혈맹이라고 할 수 있다.

　나는 세계의 어떤 나라든 다른 나라가 미국을 공격한다면 언제나
우리의 아들들을 파병해야 한다고 생각한다. 만일 내 아들이 그 전
쟁에 파병되어 전사한다고 해도 나는 그래야 한다고 생각한다. 그
러나 미국이 다른 나라를 공격하는 전쟁에도 우리 군대를 파병해야
하느냐 하는 것은 좀 다른 문제다. 말장난 같지만 미국이 우리를 도
와준 것은 우리가 다른 나라를 공격했을 때가 아니었다. 우리가 공

깨끗한 빈자가 아닌 깨끗한 부자로 살아라

격을 받았을 때였다. 과연 6·25 때 우리가 공격을 받은 것이 아니고 우리가 북한이나 다른 나라를 침공하고 공격했다고 해도 과연 미국은 우리를 도왔을까?

'미국과 이라크의 전쟁에 우리 군대를 파병해야 하느냐, 말아야 하느냐?'에는 이와 같이 미묘하나 중요한 차이가 있다고 나는 생각한다. 나라의 국익을 생각하여 파병을 찬성하는 사람들은 파병을 반대하는 사람들을 무조건 좌익으로 몰아붙이고 철없는 사람으로 정죄하지만 나는 파병을 반대하는 대부분의 사람들이 북한을 지지하는 좌익이기 때문이라고는 생각하지 않는다. 나는 파병을 찬성하는 사람이나 미국이나, 나름대로의 고민을 가지고 파병을 반대하는 사람들을 인정하진 않더라도 최소한 이해는 해주어야 한다고 생각한다.

그러나 미국의 부시 대통령은 무조건 자기를 돕지 않는 나라는 적으로 간주하겠다고 발표하였다. 나는 그런 사고방식을 싫어한다. 내가 사랑하고 고마워하는 미국이 그런 식의 나라가 되는 것이 정말 안타깝고 싫다. 힘이 있다고 무조건 모든 일을 힘으로 밀어붙이려고 하는 것이 싫다. 그런 모습을 보면 본능적으로 저항의식부터 생긴다.

나는 하나님이 좋다. 내가 하나님을 좋아하는 가장 중요한 이유는 하나님은 절대로 사람을 힘으로 몰아붙이지 않으시기 때문이다. 내가 제일 좋아하는 성경 구절 가운데 하나는 요한 계시록 3장 20절 "볼지어다 내가 문 밖에 서서 두드리노니 누구든지 내 음성을 듣고

문을 열면 내가 그에게로 들어가 그와 더불어 먹고 그는 나로 더불어 먹으리라"는 말씀이다.

하나님 정도 되시면 그냥 "나다" 하시고 들어오시면 되는 것이다. 그런데 하나님은 그렇게 하지 않으신다. 하나님은 문 밖에서 우리의 문을 두드리신다. 그리고 우리가 문을 열 때까지 기다려주신다. 우리가 문을 열면 그제야 들어오신다. 그런데 미국은 자신이 강한 나라이고 우리에게 많은 도움을 주었다는 이유로, 자신은 아무 때나 노크 없이도 들어올 수 있다고 생각하는 것 같다.

우리나라는 미국의 도움을 받은 나라고, 또 지금도 미국의 도움을 받고 있는 나라지만, 그렇다고 해서 미국이 우리에게 아무렇게나 해도 좋은 것은 아니다. 많은 사람들은 그래도 미국에 붙어야만 살 수 있다고 이야기한다. 그렇지 않으면 당장 우리나라는 국민소득 5천 달러 시대로 추락할 수 있다고 염려한다.

배부르고 철없는 소리라고 할지 모르지만, 5천 달러 시대로 추락하는 한이 있어도 나는 자존심을 지키고 사는 것이 더 낫다고 생각한다. 나도 가난한 삶을 살아봤다. 방 안에 얼음이 어는 집에도 살아봤고, 돈이 없어 수학여행이란 걸 한 번도 가보지 못하기도 했다. 나는 다시 그런 생활로 돌아가기 싫다. 나는 지금이 좋다. 한겨울에 얇은 옷 한 벌 걸쳐도 춥지 않고, 화장실이 둘이나 있는 넓은 아파트 생활이 나는 좋다. 자가용을 굴리고 사는 지금의 생활이 나는 좋다. 그러나 이 생활을 유지하기 위해 자존심까지 버리고 미국이나 일본, 중국의 속국처럼 사는 것은 싫다. 그럴 바에야 차라리 나는 가난

깨끗한 빈자가 아닌 깨끗한 부자로 살아라

을 선택하겠다. 나는 무조건 부하게 사는 것을 잘사는 것이라고 생각하지 않는다.

나도 청빈이 좋다. 내가 청빈을 좋아하는 까닭은 '貧' 때문이 아니라 '淸' 때문이다. 나는 청부도 좋다. 내가 청부를 좋아하는 것은 '富' 때문이 아니라 '淸' 때문이다. 나는 일부러 빈을 택하지도 않을 것이고, 일부러 부를 선택하지도 않을 것이다. 물론 나의 본능은 부를 택하려 하겠지만 나는 힘써서 깨끗함, 곧 '淸'을 선택하겠다.

내가 선택한 '淸'이 가난을 가져다주면 나는 청빈한 자로 살겠다. 내가 선택한 '淸'이 내게 부를 가져다준다면 나는 감사하면서 부한 삶을 살겠다. 나는 빈과 부에 대하여 참으로 자유롭게 살고 싶다.

나는 부자와 부함에 대해서만큼은 폭력적이고 비민주적으로 생각하는 사고방식이 싫다. 이라크 파병을 찬성하면 무조건 보수 꼴통이 되고, 이라크 파병을 반대하면 무조건 빨갱이가 되는 식으로 함부로 사람을 판단하고 매도하는 것이 나는 정말 싫다. 가난하면 무조건 무능하고 게으른 사람으로 생각하는 것도 싫지만, 부자 하면 무조건 다 부도덕하고 비인간적이라고 판단하는 것도 나는 싫다. 가난과 부함에 대해 열린 마음을 가지고 좀더 긍정적인 마음으로 살아가고 싶다.

행복한 부자를 위한 5가지 원칙

## 돈은 돈 이상도 그 이하도 아니다

돈에 대한 바른 생각과 자세를 갖는 데 있어서 가장 중요한 것은 돈을 정확하게 이해하고 평가하는 것이다. 돈을 돈 이상으로 생각하는 것도 좋지 못하고, 돈을 돈 이하로 평가하고 판단하는 것도 좋지 못하다. 그런데 사람들은 돈을 좋아하고 중히 여기면서도 뜻밖에 돈에 대한 정확한 이해와 판단을 제대로 하고 있지 못한 것처럼 보인다.

돈을 돈 이상의 무엇으로 생각하는 사람들이 많다. 대부분의 사람들이 그렇다고 할 수 있다. 돈이면 무엇이든지 다 할 수 있다고 생각하며 한 걸음 더 나아가 돈만 많으면 얼마든지 행복하게 잘살 수 있다고 확신한다.

돈을 돈 이상으로 생각하는 사람들은 돈에 인생과 생명을 건다. 우리 대부분의 사람들이 그렇다. 그와 같은 사람들의 평생은 돈에 걸려 있다. 돈 외에는 어떤 것에도 관심이 없고, 돈 외에는 그 어떤 것도 의미가 없다. 평생 돈의 노예가 되어 살아가지만 저들은 돈과 상관없이 행복하지 못하다. 부자가 되어도 행복하지 못하고, 부자가 되지 못해도 행복하지 못하다.

돈은 좋은 것이지만, 돈이 모든 것을 다 해줄 수 있는 것은 아니다. 조금만 생각해보면 우리는 '돈의 한계'를 금방 알 수 있다. 돈으로 편안함을 얻을 수는 있으나 돈으로 평안함을 얻을 수는 없다. 편안함이 아무것도 아닌 것은 아니지만, 편안함으로 삶의 행복을 얻을 수 있는 것은 아니다. 내적 평안함이 없는 외적 편안함은 절

깨끗한 빈자가 아닌 깨끗한 부자로 살아라

대로 우리에게 행복을 주지 못한다. 외적으로 좀 불편한 삶을 산다고 하여도 내적 평안함을 잃지 않을 수만 있다면 그는 절대로 불행한 사람이 아니다. 그러므로 외적 편안함보다 내적 평안함이 더 중요한데, 내적 평안함은 절대 돈으로 살 수 있는 것이 아니다.

중국에서 목회를 하는 목사님 한 분이 나에게 아주 재미있는 이야기를 해주신 적이 있다. "요즘 중국에도 부자들이 생겨나기 시작하는데, 목사님, 부자들이 돈 벌어서 제일 먼저 하는 것이 무엇인지 아세요?" "그게 뭡니까?" "별거 아니데요. 담 높게 쌓고 철망 칩디다." 이 예만 봐도, 돈으로 편하게 살 수는 있으나 평안을 살 수는 없다는 것을 알 수 있다. 오히려 돈이 많으면 불안이 더 늘어가는 법이다.

아이들에게 돈을 주며 마음껏 나가 놀라고 하면 아마 전자오락실에 가는 경우가 많을 것이다. 밤새도록 전자오락을 한 후 '오락 참 재미있다'고 이야기할지는 몰라도 '오락을 하니 참 기쁘다'고 이야기하진 않는다. 그것이 바로 기쁨과 재미의 차이다. 돈으로 재미를 얻을 수는 있으나 그것과 비교할 수 없는 삶의 참 기쁨과 보람은 돈만으로는 절대로 얻을 수 없다. 그러므로 그렇게 한계가 많은 돈에 필요 이상으로 기대하고 인생까지 걸며 사는 것은 결코 바람직하거나 지혜로운 일이 아니다.

돈을 돈 이상으로 생각하여 돈에 온 인생을 거는 사람들 가운데는 기독교인들도 많다. 저들이 하나님을 믿고 하나님께 기도하는 가장 중요한 이유는 하나님의 전능하신 힘과 능력으로 부자가 되고 싶어서다. 저들은 부자가 되는 것을 하나님의 축복이라고 이해한다. 그러나 정직하게 말해서 이는 옳지 않은 생각이다. 예수를 잘 믿어도 가난한 사람들이 얼마든지 있을 수 있고, 실제로도 있기 때문이다.

돈이 정말 우리가 생각하는 것과 같이 축복이라면, 예수 믿는 사람은 다 부자가 되어야 하고 예수를 믿지 아니하는 사람은 다 가난한 사람이 되어야만 할 것이다. 그런데 예수를 믿는 사람들 가운데도 가난한 사람이 있고, 예수를 믿지 않는 사람들 가운데도 부자가 있는 까닭은 하나님이 계시지 않으셔서 그런 것이 아니라 하나님이 돈을 우리가 생각하는 것과 같이 축복으로 생각하지 않으시기 때문이다.

# 돈은 그냥 돈이다

돈을 돈 이상으로 생각하는 사람들도 많지만, 그에 못지않게 돈을 돈 이하로 생각하는 사람들도 많다. 또 돈을 하찮은 것으로 여기는 사람도 많으며, 더 심하게는 돈을 천히 여기는 사람들도 많다. 그리고 거기서 더 나아가 돈을 아예 악한 것으로 보는 사람들도 있다. 그러나 돈에 대한 이런 생각과 자세도 돈을 돈 이상으로 보는 생각과 자세만큼이나 좋지 않은 생각이다.

우리나라도 예전에는 사농공상(士農工商)이라고 하여 장사하는 사람을 가장 천하게 여겼다. 그래서 사업을 하거나 장사를 하는 사람들을 '장사꾼' 또는 '장사치'라고 낮춰 불렀다. 우리나라만 그랬던 것이 아니라, 플라톤과 아리스토텔레스와 같은 서양 철학자들도 상업을 천히 여겼다는 것을 책을 통해 알 수 있다.

그런데 성경 어디서도 돈이나 상업을 천히 여기거나 하찮게 여기는 구석은 찾아볼 수가 없다. 장사를 하여 이익을 추구하는 것을 절대로 하찮거나 천하게 보지 않았다. 우리가 잘 아는 달란트 비유를 보면 열심히 장사하여 이익을 남긴 다섯 달란트와 두 달란트를 남긴 사람을 착하고 충성된 종이라 칭찬하였으며, 돈을 땅에 묻어 두고 아무것도 하지 않은 사람을 오히려 악하고 게으른 종이라고 책망하는 것을 볼 수 있다. 성경은 일 자체를 놓고 어느 것은 귀한 일, 어느 것은 천한 일이라고 차별하지 않는다. 귀한 일과 천한 일을 구별하는 것은 사람이 하는 것이고, 하나님은 일을 가지고 귀천을 따지지 않으신다.

골로새서 3장 23절에 보면 '무슨 일을 하든지 마음을 다하여 주께 하듯 하고 사람에게 하듯 하지 말라'는 말씀이 있다. 또한 베드로전서 2장 9절에 보면 '너희는 택하신 족속이요 왕 같은 제사장'이라는 말씀이 있다. 여기서 '너희'는 목사와 같은 목회자만을 의미하는 것이 아니라 상식적이고 건전한 모든 직업을 가진 사람을 다 의미하는 것이다.

이런 면들을 살펴볼 때 우리는 성경 어느 곳에서도 돈이나 사업하는 사람들을 천하게 보는 면을 찾아낼 수 없다. 성경에 보면 '돈을 사랑함이 일만 악의 뿌리'라는 말씀이 있다(디모데전서 6장 10절). 그러나 이 말은 '돈을 사랑하는 것'을 일만 악의 뿌리라고 했을 뿐, 돈 자체가 악의 뿌리라는 뜻은 아니다. 돈을 돈 이상으로 여기는 것에 대한 경고지, 돈 자체를 하찮게 여기고 악하게 여기는 말씀이 아니라는 것을 우리는 알아야만 한다.

목회를 하다 보면 돈과 상업을 하찮게 여기기 때문에 가족들을 고생시키는 가장들을 심심치 않게 발견하게 된다. 특히 왜정시대 때 동경제대나 와세다대 같은 일본 명문대학을 나온 사람들 가운

깨끗한 빈자가 아닌 깨끗한 부자로 살아라

데 그런 사람을 많이 보았다. 장사를 하고 돈을 버는 일을 천하고 하찮게 여기기 때문에 자신은 아무 일도 하지 않는다. 아이들과 부인은 얼마나 고생을 하는지 모른다. 그런데도 자신은 늘 양복을 갖춰입고 넥타이만 매고 다닌다.

어렸을 때부터 그런 사람들을 볼 때면 나는 마음속으로 '내가 크면 길거리에서 사과 장수를 해서라도 가족들은 꼭 먹여 살려야지' 하는 다짐을 하곤 했다. 지금도 목회하는 것만으로 생활을 할 수 없어 혹시라도 가족을 굶기게 된다면 나는 어려서부터 다짐했던 대로 잠시 목회를 중단하고 사과 장수를 할지도 모른다. 물론 이런 나를 두고 '그럼 목회를 밥 벌어 먹으려고 하는 것이냐?'라고 물으면 대답할 말이 신통치 않다. 나는 목회를 소중하게 생각한다. 그러나 '밥 벌어 먹는 것'도 소중한 것이라고 생각한다. 밥 벌어 먹으려고 목회를 하는 것은 아니나 밥 벌어 먹는 것 역시 목회만큼이나 중요한 일이라고 생각한다. 그리고 나는 목회를 하는 것이 장사를 하는 것보다 더 귀한 일이고 성스러운 일이라고 생각하지 않는다.

나는 때로 하나님의 일을 위해 굶을 수도 있고, 고생을 할 수도 있고, 심지어는 죽을 수도 있어야 한다고 생각한다. 그러나 그럼에도 불구하고 나는 밥을 먹고, 식구들을 먹여 살리는 일을 무조건 아무것도 아닌 것처럼 여기는 일에는 절대로 찬성하지 않는다. 그것은 매우 위험한 생각일 수 있고, 매우 건방진 삶의 자세일 수 있기 때문이다.

돈을 우습게 여기고 부정적으로 생각하는 사람이 한 가정의 가장이 되면 식구들은 고생할 게 틀림없다. 돈을 우습게 여기고 부정적으로 생각하는 사람이 나라의 정치를 하게 되면 나라가 가난해져서 온 국민들이 고생을 하게 될 것이다.

돈은 그냥 돈이라고 정확히 이해하고 평가하여, 돈을 돈 이상으로 여겨 생명을 걸지도 아니하고, 우습고 하찮은 것으로 여기거나, 한 걸음 더 나아가 천하고 악한 것으로 보고 멀리함으로써 가족과 나라를 힘들고 어렵게 하지 않는 게 중요하다. 돈에 대하여 좌로도 치우치지 않고 우로도 치우치지 않는 균형 잡힌 시각과 생각을 가지고 건강하게 살아가는 사람들이 되기를 바란다.

# 돈보다 가치 있고 의미 있는 것

자유하는 사람이 되기 위해서는 무엇보다도 욕심으로부터 자유하여야 한다는 이야기를 앞에서도 했다. 그런데 원죄를 가지고 태어나는 인간이 어떻게 욕심으로부터 자유할 수 있을까?

욕심으로부터 자유하는 사람이 되기 위하여 우리는 먼저 욕심의 구조를 분석하고 이해하여야 한다. 욕심은 가치에서 발생한다. 가치를 모르면 욕심이 생기지 않으며 더 나은 가치를 발견하면 그보다 낮은 가치에 대한 욕심이 없어진다. 그러므로 욕심으로부터 자유하는 사람이 되려면 욕심을 버리려 하지 말고 더 높은 가치에 대해 욕심을 가져야만 한다. 예수님이 말씀하신 팔복 가운데는 '마음이 가난한 자'와 '의에 주리고 목마른 자'에 대한 것이 있다. 서로 상충되어 보이는 이 두 말씀의 의미는 '의에 주리고 목마른 자', 즉 더 높고 나은 가치에 대해 주리고 목말라 하는 욕심이, 세상에 대한 욕심이 없는 '마음이 가난한 자'가 되게 한다는 것이다.

막내 아이가 두 돌이 지나면서 말을 배우기 시작했다. 막내가 제일 먼저 배운 말은 엄마였고, 두 번째로 배운 말이 아빠였다. 세 번째로 배운 말은 100원이라는 말이었다. 형들을 따라 슈퍼마켓을 다니면서 100원의 가치를 배우게 된 것이다. 100원의 가치를 배우게 되자 100원에 대한 욕심이 생기게 되었고 그 욕심을 채우기 위하여 (?) 말을 배우게 되었다. 어느 날 심방을 가려고 하는데 막내가 문을 가로 막으며 손을 내밀었다.

"아빠, 100원!"

통행료를 내고 가라는 것이었다. 100원짜리 하나를 주고 가려고 주머니를 뒤져보니 100원짜리는 없고 500원짜리가 있기에 '이놈, 수지맞았군' 하며, 500원짜리를 주었다. 그런데 당연히 좋아할 줄 알았던 우리 막내가 그 500원짜리를 손바닥에 올려놓고, 제 딴엔 아주 심각한 표정으로 돈 한 번 보고 나 한 번 보고를 반복하는 것이었다. 돈 같기도 하고 아닌 것 같기도 하고……

그 모습이 우스워 픽 웃었더니 그것을 보고 막내는 '아빠가 돈 아닌 것을 주고 자기를 놀린다'고 생각한 모양이었다. 500원짜리를 땅에 던지곤 "으응~ 100원" 하면서 다시 손을 내미는 것이었다. 100원 달라는 놈에게 500원을 주었는데도 그놈은 그것을 모르고 생떼를 쓰는 것이었다. 마침 큰아이가 들어오다가 그 모습을 보고 답답한지 펄쩍펄쩍 뛰면서 "야, 정열아, 그거 500원이야, 100원짜리 5개라구!" 하며 아무리 옆에서 소리를 질러도 우리 막내는 그냥 "100원, 100원!"만을 외칠 뿐이었다.

두 살짜리가 그러니까 무척 예뻤다. 지금은 그 아이가 자라 벌써 스물세 살이나 되었다. 지금 우리 막내에게 500원짜리와 100원짜리를 놓고 둘 가운데 하나만 가져가라 하면 아무 갈등 없이 100원짜리를 버리고 500원짜리를 가져갈 것이다. 500원의 가치를 아는 사람이 100원에 대한 욕심을 버리는 일은 쉬운 일이다. 아니 즐거운 일이다. 그러므로 100원에 속한 욕심으로부터 자유하려면 100원짜리와 씨름하지 말고 500원짜리 가치를 아는 수준으로 자신을 발전시켜야만 한다.

예수님의 비유 가운데 '밭에 감춘 보화'에 대한 비유가 있다. 어떤 소작인이 밭을 갈다가 밭에 감춘 보화를 발견하게 되었다. 소작인은 그 밭을 사기 위하여 그 동안 아끼고 소중히 여기던 모든 것들을 다 팔아 그 밭을 샀다. 더 높은 가치를 발견하게 된 순간 그 동안 아끼고 욕심내던 모든 것들이 순식간에 아무것도 아닌 것이 되어 버렸기 때문이다. 사도 바울은 그리스도 예수를 아는 지식이 가장 고상하기 때문에 전에 귀히 여기던 모든 것들을 다 배설물로 여기게 되었다고 고백한다(빌립보서 3장 8절).

이 말씀에서 얻을 수 있는 교훈은 더 높은 가치를 발견하게 되는 순간 그보다 낮은 가치에 속한 욕심을 버릴 수 있게 된다는 것이다. 그러므로 욕심을 버리고 죄를 멀리하며 하나님이 주시는 영과 자유를 누리는 근사한 사람이 되기 위해 해야 할 가장 중요한 것은 가장 높은 가치에 대한 욕심을 갖는 것이다. 성경은 그것을 의에 주리고 목말라 하는 것이라고 말씀한다.

나는 예수를 믿는 사람이다. 신앙이란 높은 가치에 대한 욕심을 갖는 것이라고 정의할 수 있다. 기독교에서 가장 높은 가치란 하나님과, 그 하나님의 말씀과 뜻이며 그 말씀과 뜻대로 사는 삶이다.

예수님이 니고데모라고 하는 사람에게 이렇게 말씀하셨다. "사람이 물과 성령으로 거듭나지 아니하면 하나님 나라에 들어갈 수 없느니라."(요한복음 3장 5절) 기독교 신앙이란 그냥 교회에 다니는 것을 말하는 게 아니다. 성령으로 거듭나 새 사람이 되는 것이다. 그리고 하나님 나라를 보며 사는 것이다. 하나님 나라를 보며 사는 것처럼 중요한 것이 없다. 그렇게 되면 세상에 대한 욕심을 버릴 수 있기 때문이다. 그런데 신앙인이라고 하는 많은 사람들이 엉뚱한 방식으로 예수를 믿고 있다. 세상 욕심을 버리고 자유하는 사람이 되기 위하여 예수를 믿는 것이 아니라 세상 욕심을 채우기 위하여 예수를 믿고 있다. 잘못된 일이 아닐 수 없다.

내 큰아이는 경제를 공부하고 있다. 경제란 돈과 돈의 바른 흐름에 대한 것이라고 나는 정의한다. 나는 큰아이가 경제를 공부하는 것에 대해 찬성했다. 왜냐하면 그것을 공부하는 일이 자신뿐만 아니라 많은 사람들에게 실제적으로 도움이 되기 때문이다. 나는 내 아이가 돈에 대해 공부하는 일이 의미 있는 일이며 가치 있는 일이라고 생각한다. 왜냐하면 오늘날도 돈이 제대로 돌지 않아서 많은 사람들이 가난 때문에 고통을 받고 있으며 죽어가고 있기 때문이다.

돈(경제)은 내 사랑하는 아들이 인생을 걸고 공부하고 연구할 만한 가치가 있는 것이라고 생각하지만, 나는 내 아들이 돈에 대한 욕심 때문에 돈을 사랑하는 사람이 되는 것을 원치 않는다.

깨끗한 빈자가 아닌 깨끗한 부자로 살아라

돈은 의미 있고 가치 있는 것이다. 그러나 그것이 우리가 인생을 걸 만한, 그리고 인생을 좌우할 만큼의 의미나 가치가 있는 것은 아니다. 돈은 없어서는 안 되는 것이지만 돈이 있다고 해서 모든 문제가 해결되는 것은 아니다. 그런 점에서 돈은 우리에게 가장 의미 있고 가장 가치 있는 것은 아니다. 모든 것에도 마찬가지지만 나는 돈에 대한 가치중립적인 균형 감각을 유지하는 것이 무엇보다 중요하다고 생각한다. 돈에 대해 좌나 우로 치우치지 않는 건강한 생각과 철학을 가지는 것이 무엇보다 중요하다고 생각한다.

내가 '돈에 대하여 좌로 치우침'이라고 말하는 것은, '돈을 사랑함이 일만 악의 뿌리'라는 말을 '돈 그 자체가 일만 악의 뿌리'라고 생각하여 무조건 돈을 악하게 보고, '돈에 대한 욕심과 유혹으로부터의 자유'가 아니라 '돈으로부터의 무조건적인 자유'를 주장하는 것을 의미한다. 내가 '돈에 대해 우로 치우침'이라고 말하는 것은, '돈을 사랑함이 일만 악의 뿌리'라는 말과 '돈이 일만 악의 뿌리'라는 말은 다르다는 것을 핑계 삼아 은근히 돈을 사랑하는 유혹에 빠지는 것을 의미한다.

세상에는 왼손잡이보다 오른손잡이가 더 많은 것처럼 돈에 대해서도 왼손잡이보다 오른손잡이가 더 많다. 그러므로 사실 우리가 가장 조심하고 두려워해야 할 것은 돈에 대한 우편향적인 생각이다. 사람들은 대개 돈에 대하여 우익이다. 솔직히 이야기하면 극우다. 때문에 사람들은 돈에 생명을 걸고 인생을 건다. 온 인생을 오직 돈 하나에 걸고 사는 사람들을 우리는 주위에서 쉽게 찾아볼 수 있다. 그러나 돈은 우리의 인생과 생명을 걸 만한 그런 가치는 아니다. 우리는 돈에 대한 극우적인 생각과 철학으로부터 자유해야만 한다. 그러려면 돈보다 더 귀하고 더 의미 있는 가치를 발견해야만 한다.

세상에는 돈보다 더 가치 있고 더 의미 있는 것들이 많이 있다. 그 가운데 하나를 예로 들면 '사랑'이다. 사랑은 돈과는 비교할 수 없는 가치다. 물론 사랑과 돈은 둘 다 없어서는 안 되는 것들이다. 돈과 사랑을 놓고 두 가지 상황을 설정할 수 있다. 사랑은 있는데 돈이 없는 경우와 돈은 있는데 사랑이 없는 경우다. 사람마다 철학과 가치관이 다르므로 그 선택도 다르겠지만, 성경은 사랑은 있는데 돈은 없는 경우가, 돈은 많은데 사랑이 없는 경우보다 더 낫다고 이야기한다. 잠언에 보면 "마른 떡 한 조각만 있고도 화목하는 것이 육선이 집에 가득하고 다투는 것보다 나으니라."(잠언 17장 1절)는 말씀이 있다. 여기서 육선(肉饍)이란 고기 반찬을 의미한다.

IMF 때 실직을 당한 가장이 있었다. 남편이 좌절에 빠졌을 때 그 아내와 아이들은 남편과 아빠를 진심으로 사랑하고 위로했다. 아내는 남편에게, 그 동안 가족을 위하여 너무 고생이 많았다고, 그만큼 고생한 것만으로도 충분하다며 자신이 파출부를 해서라도 식구들이 먹고살 수 있으니 너무 낙심하지 말고 힘내라고 위로했다. 아이들도 똑같이 아빠를 격려하며 사랑한다고 안아주었다. 그들은 오히려 실직 전보다 가족 간의 사랑이 더 돈독해졌다. 힘들고 어려울수록 서로를 더 격려하며 사랑으로 똘똘 뭉쳤다.

깨끗한 빈자가 아닌 깨끗한 부자로 살아라

실직은 가난을 가져왔고 가난은 집안에 실제적으로 많은 어려움을 가져다줬지만, 그렇다고 해서 그 때문에 모든 가족이 다 굶어죽게 되는 상황은 아니었다. 그와 같은 상황에서 가난은 좀 불편한 것이기는 했지만 불행한 것은 아니었다. 그들은 많이 불편했음에도 오히려 더 많이 행복했다. 돈은 없었으나 오히려 사랑은 더 많아졌기 때문이었다.

사람들은 IMF를 겪으면서 돈 때문에 가정이 깨어졌다고 이야기하지만 그것은 정확한 말도 옳은 말도 아니다. 돈이 이차적인 원인이 된 것이 사실이지만 일차적인 원인은 아니었다. IMF 때 많은 가정이 깨진 것은 돈 때문이 아니라 그 동안 사람들이 돈에만 의존하고 살아왔기 때문이었다. 돈 외에는 가치 있고 의미 있는 것이 가정에 없었기 때문이었다. 돈보다 귀한 가치인 사랑이 가정에 없었기 때문이었다. 그러므로 IMF 때 많은 가정이 깨어진 것은 돈 때문이 아니라 사랑 때문이었다.

우리들의 문제는 돈을 우상화하는 것이다. 돈을 하나님처럼 섬기는 것이다. 그리고 돈에 인생과 행복을 걸고 사는 것이다. 돈은 중요한 것이지만 그러나 돈은 가장 중요한 것이 아니다. 돈을 돈의 자리로 돌려보내야만 한다. 그리고 돈보다 가치 있고 의미 있는 것들을 찾아내야 하고 그것을 제자리에 회복시켜야만 한다. 돈에는 그 가치만큼만 우리의 인생을 지불하고, 돈보다 더 귀한 사랑과 믿음과 소망과 같은 것들에 우리의 인생을 더 많이 지불해야만 한다. 돈을 우상화하지 아니하고, 돈에 대한 욕심으로부터 자유하려면, 돈보다 더 가치 있는 것들을 찾아내야만 한다. 그리고 우리 삶의 중심과 무게를 돈으로부터 돈보다 더 가치 있는 것으로 옮기는 훈련을 해야만 한다. 쉽지는 않지만 불가능한 일도 아니다. 조금씩 조금씩 훈련하고 연습하면 누구나 다 그렇게 할 수 있다. 목표를 세우고 노력하고 기도하면 돈에 매여 사는 인생이 아닌 돈을 지배하고 사는 인생을 살 수 있다. 더 높은 가치를 바라보며 돈에 대한 욕심으로부터 자유하는 사람이 될 수 있기를 바란다.

깨끗한 빈자가 아닌 깨끗한 부자로 살아라

# 성실하게 모으고 아낌없이 쓰자

나는 경제를 전문적으로 공부한 사람이 아니다. 그러나 기본적으로 돈과 경제를 이야기할 때 가장 고민이 되는 주제 가운데 하나는 아마도 '성장론과 분배론 사이의 갈등'인 것 같다. 사업하는 사람들은 대개 선성장 후분배를 주장한다. '우선 파이를 키워야 몫이 돌아갈 것이 아니냐?'는 말을 하기도 하고, 성장도 하기 전에 먼저 분배부터 강조하다 보면 기업하는 사람들의 의욕이 꺾이기 때문에 사업이 성장하지 못하고 결국 분배의 몫도 오히려 작아질 수밖에 없다고 주장하는데, 분명 일리가 있는 말이다. 강한 분배론의 입장을 가지고 있는 사회주의 국가들이 경제적으로 몰락한 이유가 바로 여기에 있기 때문이다.

그런데 문제는, 그 이론대로 기업을 키우는 것은 좋은데 도대체 언제까지, 그리고 얼마만큼 키워야 하는지를 판단하기가 쉽지 않다는 것이다. 나는 이제까지 기업이 이만큼 크고 성장했으니 이제는 성장보다 분배에 관심을 두어야겠다고 생각하고 그것을 실행하는 기업을 별로 본 적이 없다. 그리고 그와 같은 일은 앞으로도 별로 일어나지 않을 것이다. 성장에 대한 기업가들의 욕심은 끝이 없기 때문이다.

그렇게 되면, 다시 말해서 기업이 성장할 만큼 성장했다고 생각하는데도 기업주들이 아직도 성장에만 욕심을 가지고 적절한 분배에 대한 책임을 감당하지 않는 경우가 되면, 노동자들의 노동 의욕이 꺾이게 되어 결국 기업의 성장에도 치명적인 지장을 초래하게 된다는 것이 분배론을 주장하는 노동자들의 입장이다. 그런 면에서 분배론의 주장도 맞다.

문제는 적당한 성장과 적당한 분배로, 기업가들도 사업의 의욕을 잃지 않고 노동자들도 노동의 의욕을 잃지 않는 그 적절한 타이밍을 어떻게 결정하는가 하는 것이다. 그와 같은 성장과 배분의 문제는 기업뿐 아니라 개인의 경우에 있어서도 마찬가지다.

돈을 벌기도 전에 사치 병에 걸려서 쓰기부터 시작하는 사람은 평생 가난을 면키 어려울 것이다. 그러나 평생 돈만 벌다가 쓸 때 제대로 쓰지도 못하고 죽는다면 그처럼 바보 같고 억울한 일이 아니겠는가? 쓰지 못하고 쌓은 부, 그것을 과연 진정한 의미의 부라고 할 수 있는가?

경제학에서는 이 문제를 어떻게 이해하고 어떻게 해결하는지 나는 잘 모른다. 그러나 나는 나 나름대로 이 문제를 해결해보려고 노력하고 있다. 적당한 타이밍을 잘 잡아서 돈을 벌고 모을 때와, 번 돈을 쓰고 나눌 때를 놓치지 않고 잘 잡으려고 최선을 다하고 있다.

깨끗한 빈자가 아닌 깨끗한 부자로 살아라

에티오피아의 유명한 마라톤 선수 아베베를 기억하는 사람들이 많을 것이다. 그는 마라톤에서 맨발로 달려 우승한 것으로 유명한데, 올림픽에서만 우승을 두 번이나 제패했다. 두 번째 우승했을 때, 그는 인터뷰하겠다고 찾아온 기자들에게 아직도 15킬로미터를 더 뛸 수 있다고 자랑스럽게 말했다.

나는 그 이야기를 들으면서 아베베는 '유능한 선수이기는 하지만 훌륭한 선수는 아니다'라고 생각했다. 왜냐하면 마라톤 선수라면서 왜 결승점을 통과할 때 15킬로미터나 더 뛸 수 있는 힘을 남겨놓았는지 이해가 되지 않았기 때문이다. 마라톤 선수가 결승점을 통과하고도 15킬로미터나 더 뛸 힘이 남아 있다는 것은 부끄러운 일이지 절대로 자랑할 만한 일이 되지 못한다고 생각한다.

인생도 어떤 의미에서 마라톤과 같다. 나는 내 인생을, 마라톤을 성실히 경주하는 선수같이 살고 싶다. 남과 비교하여 몇 등을 했느냐는 것은 별로 중요하지 않다. 중요한 것은 자신과의 경주에서 최선을 다했느냐는 것이다. 나는 하나님이 그것을 중히 여기실 것이라고 생각한다. 다만 내가 염려하고 걱정하는 것은, 최선을 다하지 못하고 15킬로미터나 더 뛸 수 있는 힘을 남겨놓은 채 인생의 결승점을 통과하는 것이다. 결승점 이전에 힘을 다 소진하여 결승점까지 도달하지 못하는 것도 문제지만, 너무 힘을 아끼다가 결승점을 통과한 이후에도 힘이 남아도는 것도 문제다. 모든 힘을 잘 조절하여 결승점을 통과하는 순간 힘이 남아 있지도 모자라지도 않았으면 좋겠다. 나는 그것이 최선을 다하는 인생이라고 생각한다.

어렸을 때 특별히 가난해서 그랬는지는 모르겠지만 가끔 돈을 줍는 꿈을 꾸곤 했다. 길을 가다 보면 돈이 있고, 또 가다 보면 돈이 있곤 했다. 주머니 가득 돈을 채워놓고 기뻐하다가 꿈을 깨면 그것이 그렇게 아쉽고 억울할 수가 없었다. 그와 같은 꿈을 몇 번 반복하다가 아주 중요한 결심(?)을 하게 되었다. 다음에 또 그런 꿈을 꾸게 되거든 쓸 만큼만 줍다가 어느 시점에서는 줍는 것을 중단하고 냅다 가게로 뛰어가 평소 사고 싶고 먹고 싶었던 것을 마음껏 사서 쓰거나 먹다가 잠에서 깨어야지 하며 단단히 결심하였다. 그리고 정말 그렇게 하였다.

떨어진 돈이 보이는데도 어느 시점에서 줍는 것을 포기하고 가게로 뛴다는 것은 생각처럼 쉬운 일이 아니었다. 몇 번의 실패를 거듭한 후 드디어 성공하게 되었다. 돈을 줍기만 하다가 꿈을 깨면 참 아쉬웠지만, 어느 정도만 줍고 가게에 가서 실컷 사고 싶은 것을 사고, 먹고 싶은 것을 먹다가 깨면 비록 꿈일지라도 참 기분이 좋았다.

세상에는 돈을 벌기만 하다가 제대로 써 보지도 못하고 죽는 사람들이 얼마나 많은지 모른다. 틀림없이 그들은 죽은 후 꿈에서 돈만 줍다가 깬 사람처럼 허무할 것이라고 생각한다. 나는 그런 사람이 되기 싫다.

어렸을 적 꿈에서 돈을 줍는 때와 쓰는 때를 적절히 배분하여 꿈을 깨기 전에 돈을 가치 있게 쓰려고 노력하였던 것과 같이, 나는 지금도 돈을 벌고 모으는 때와 그것을 충분히 가치 있고 보람 있게

깨끗한 빈자가 아닌 깨끗한 부자로 살아라

쓰는 때를 적절히 배분하여, 죽음으로 인생의 꿈을 깨게 될 때 허무하거나 억울하지 않기 위해 매우 조심하며 살아가고 있다.

지금까지 나는 성실하게 돈을 줍고 모으기 위해 노력하는 삶을 살았다. 수입이 적었을 때도 수입에 맞추어 살았지 절대로 외상을 지지 않았다. 나는 지금도 현금가로 준다 해도 월부로는 물건을 잘 사지 않는다. 그것을 규모 없이 사는 것이라고 생각한다. 그 달의 수입 규모를 넘어서는 지출을 해서 다음 달까지 지난 달의 지출을 넘겨주는 일을 거의 하지 않았다.

그리고 할 수 있는 대로 노년을 위해 한 푼이라도 절약하고 저축하려고 애썼다. 젊었을 때 저축을 해야 늙어서 남에게 폐를 끼치지 않는다는 철학과 신념을 가지고 있기 때문이다. 7년 풍년의 때(청년의 때)에 7년 흉년의 때(노년의 때)를 준비하는 것이 성경이 가르쳐 주는 지혜라고 생각하고 목사가 저축하는 것을 백안시하는 풍토 속에서도 개의치 않고 열심히 저축했다.

드디어 노년에, 크게 사치하지 않고 욕심 부리지 않으며 살 수 있을 만큼의 준비를 하게 되었다. 물론 사람의 일이기 때문에 상황이 어떻게 바뀔지는 알 수 없으나 하나님께서 인생과 세상을 크게 흔들지만 않으신다면 상식적으로 남에게 폐를 끼치지 않고 살 수 있는 준비를 거의 마치게 되었다.

그래서 몇 년 전부터는 저축을 줄이고 지출을 늘리기 시작했다. 무작정 늘리는 것이 쉽지 않아 수입에 대비한 지출표를 만들어놓고 돈을 써보았다. 어렸을 때 꿈에서 실천하려고 했던 것, 즉 돈을 줍기만 하지 않고 어느 때가 되면 줍는 것을 과감하게 포기하고 가게로 달려가 써버리겠다는 생각을 실제 생활에서도 실천하기 시작한 것이다.

돈을 아무리 모아도 욕심은 끝이 없다. 그것은 목사인 나도 마찬가지다. 그러나 나는 돈을 줍고 모으기만 하다가 가치 있고 보람 있는 일에 한 푼 제대로 써보지도 못하고 허무하게 인생이 끝날까 봐 불안하다. 언제 꿈이 깰지 모르듯이 언제 인생이 끝날지 알 수 없기에 과감하게 욕심을 접고, 모았던 돈을 가치 있고 보람 있는 일에 쓰기 시작하려는 것이다.

나는 목사지만 세금을 자진 신고하여 낸다. 우리나라 세법은 1년 종합소득이 8천만 원을 넘으면 39퍼센트의 세율을 적용한다. 39퍼센트의 세율은 절대로 만만한 세율이 아니다. 물론 이런 저런 공제 때문에 실제로 39퍼센트의 세금을 다 내지는 않지만 그래도 나는 만만치 않은 세금을 내는 사람 가운데 하나다. 사실 목사라는 직업은 세금을 신고하지 않아도 아무런 법적인 하자나 문제가 없다. 솔직히 나도 적지 않은 세금을 떼는 것이 여전히 힘들고 어렵지만, 그래도 그것이 옳은 일이라 생각하기 때문에 열심히 세금을 낸다.

작년에 세금 말고도 개인적으로 헌금과 구제 그리고 선교를 위해 지출한 돈을 계산해보니 수입의 45.44퍼센트였다. 목사가 금전출납부까지 기록하면서 매달 스스로 정한 표에 의해 돈을 쓰고 지출한 결과다. 어찌 생각하면 좀 아까운 마음도 없지 않아 있지만 나는 안다. 이 다음에 꿈에서 깨듯 인생이 끝날 때 내게 남는 것은 어쩌면

깨끗한 빈자가 아닌 깨끗한 부자로 살아라

쓰지 않고 아껴서 남긴 돈이 아니라, 표를 만들어서까지 계획적으로 썼던 그 돈일 것이라고 생각한다.

나는 더 힘써서 그 지출의 비율을 높일 것이다. 남은 인생이 생각처럼 길지 않다는 것을 알고 있기에 너무 많은 것을 쓰지 못하고 남긴 채 꿈에서 깰까봐 조심스럽게 지출의 비율을 높이려고 한다.

우리나라는 요즘 극도의 내수 부진으로 경제 침체 현상을 겪고 있다. 그런 와중에도 지난해 저축률은 31퍼센트나 되어 사상 최고를 기록했다고 한다. 나는 지나친 낭비만이 경제를 나쁘게 만드는 것인 줄 알았다. 그러나 요즘 보니 지나친 저축도 경제를 나쁘게 한다는 것을 알게 되었다. 적절한 저축이 있어야 하고 적절한 소비가 있어야 한다는 말이다. 쓰지 않고 무조건 모은다고 좋은 것이 아니라는 것을 알게 되었다.

가끔 차를 집에 놔두고 대중교통을 이용하는 경우가 있다. 교통 카드를 이용하여 전철을 타면 보통 640원씩 지불되던 때였다. 그 무렵 나는 나름대로 개인적인 원칙을 세웠다. 그것은 한 번 전철을 타면 한 번은 택시를 타겠다는 것이다. 택시가 편하기 때문이 아니다. 나는 아직도 택시가 마음 편하지 못하다. 640원이면 갈 수 있는 곳을 만 원이 넘는 돈을 내고 택시를 탄다는 것이 나는 아직도 힘들고 불편하다. 그런데도 원칙까지 세워놓고 택시를 타는 데는 나름대로 이유가 있다. 내가 그 이유를 말하면 사람들은 웃을 게 뻔하지만, 그것은 국가의 경제를 위해서다.

돈을 줍고 모아야 할 때가 있고, 모은 돈을 가치 있고 보람된 일에 써야 하는 때가 있다. 줍고 모아야 할 때 쓰기부터 하는 것, 그리고 가치 있고 보람 있는 일에 써야 하는 때도 계속 줍고 모으려고만 하는 것도 모두 문제가 있다. 돈은 중요한 것이고 귀한 것이다. 그러므로 벌어야 하고 모아야 한다. 그리고 모아만 두지 말고 제때, 그리고 제대로 써야만 한다.

많은 사람들은 죽어서 쓰지 못할 돈을 경쟁적으로 버느라고 아등바등 대며 산다. 죽어서는 돈을 쓸 수 없고, 경기가 끝난 후에는 달릴 수 없다. 그때 돈을 가진 사람이나 힘을 남겨둔 사람은 바보다. 아베베는 바보다. 사람들은 대개 다 아베베처럼 산다. 나는 아베베 같은 사람이 되기 싫다.

나의 최종 목표는 그 동안 절약하고 아끼며 모았던 모든 것들을 귀하고 가치 있는 일을 위해 아낌없이 쓰다가 하나님 앞에 가는 것이다. 조금 주제넘은 소리 같아 보이지만 여러분들도 이와 같은 생각과 고민을 하면서 살아갔으면 좋겠다.

# 선진국과 기부 문화

　그 동안 적지 않는 나라를 여행하면서 선진국과 후진국에는 매우 중요한 차이가 있다는 것을 알게 되었다. 여러 가지가 있는데 크게 두 가지만 이야기한다면 하나는 법과 질서에 대한 것이고, 또 다른 하나는 바로 돈에 대한 것이다.

　선진국으로 갈수록 법과 질서를 잘 지키고 후진국으로 갈수록 법과 질서를 잘 지키지 않는 것을 볼 수 있다. 처음 영국을 갔을 때 참으로 인상적이었던 것 가운데 하나는 길이 참 좁다는 것과 그럼에도 불구하고 차들이 물 흐르듯이 참으로 잘 움직인다는 것이었다. 영국은 오래 된 도시라서 신흥 도시들처럼 도로가 넓지 못하다. 웬만한 곳은 2차선이고, 1차선만 있는 도로도 많았다. 대개 그런 도로에는 신호등도 없는 경우가 많았다. 그런데도 차들은 조금도 멈칫거림이 없이 잘 다니고 있었다. 신호등도 없는 좁은 길을 차가 물 흐르듯이 다니는 데는 매우 중요한 이유가 하나 있었는데, 그것은 모든 차들이 오른쪽 차가 먼저 통행한다는 원칙을 철저히 지키고 있었기 때문이다.

행복한 부자를 위한 5가지 원칙

법이 아직 없거나, 있어도 지키지 않는다면 차들은 길이 교차되는 지점에서 모두 속도를 줄이면서 멈칫거려야 한다. 그러나 법과 질서가 있고, 차들이 그것을 준수한다면 그럴 필요가 없다. 아무리 길이 좁아도 별로 큰 불편 없이 다닐 수 있다. 법이 아직 없거나 잘 지켜지지 않는 나라에서 그렇게 교통이 원활하게 하려면 엄청난 돈을 투자하여 길을 넓혀야 하지만 일단 법과 질서만 잘 지켜진다면 길을 넓히지 않아도 얼마든지 차의 소통을 좋게 할 수 있다.

나는 그때 매우 중요한 사실을 배울 수 있었다. 그것은 법과 질서가 곧 돈과 아주 밀접한 관계가 있다는 것이었다. 사람들은 흔히 '법과 질서가 밥 먹여주냐?'고 이야기하지만 그렇지 않다. 법과 질서는 밥을 먹여주는 정도가 아니라 나라의 경제에 영향을 줄 만큼 큰 힘을 가지고 있다.

후진국 사람들은 대개 법과 질서 하면 귀찮은 것으로 생각하는 경향이 있다. 하지만 선진국 사람들은 그렇게 생각하지 않는다. 법과 질서는 불편하고 귀찮은 것이 아니라 오히려 우리의 삶을 자유롭게 하고 편리하게 한다는 생각을 가지고 있다. 후진국 사람들은 법을 구속으로 느끼고 이해하는데, 선진국 사람은 법을 자유로 이해하고 있다. 성경에도 보면 '진리를 알지니 진리가 너희를 자유케 하리라' (요한복음 8장 32절)는 말씀이 있다. 진리는 구속을 의미하는 것이 아니라 자유를 의미하는 것이다.

중국도 이제는 많이 발전했지만, 1991년 내가 처음 중국을 방문했을 때만 해도 지금과 무척 달랐다. 그때는 막 경제 개발에 발동을 걸던 때였던 것 같다. 사방에서 도로를 넓히는 등 국가 기간이 되는 산업에 제법 돈을 투자하고 있는 것이 눈에 띄었다.

시내의 도로가 영국과는 비교도 되지 않을 만큼 크고 넓었다. 사회주의 국가라서 도시계획을 하기가 참 쉬워 보였다. 자고 일어나면 큰 길이 하나씩 생긴다고 할 만큼 도시계획이 활발했다. 그런데 참으로 신기하고 답답한 일은 그 넓은 도로를 달리는 자동차가 평균 40킬로미터 이상의 시속을 잘 내지 못한다는 것이었다.

그 이유는 아주 간단했다. 그 넓은 도로에 자동차만 다니는 것이 아니었다. 사람, 자전거, 우마차까지, 거리를 다닐 수 있는 모든 것들이 다 다녔기 때문이다. 신호를 지키는 사람이 없으므로 언제나 조심해야 하고, 그래서 시속 40킬로미터 이상 속도를 내기가 어려웠다. 6차선 도로에 차도 별로 많지 않은 나라는 40킬로미터밖에 속도를 내지 못하고, 겨우 1, 2차선 도로에 자동차도 많은 나라는 그보다 더 빨리 달리는 것을 보면서 나는 질서가 국가 경쟁력이라는 사실을 배울 수 있었다. 선진국의 국가 경쟁력과 경제력의 바탕은 법과 질서, 그리고 원칙을 준수하는 정신에서 나오는 것이었다.

다음에 또 하나 알게 된 것은 선진국일수록 돈에 대해 철저하고, 후진국일수록 돈에 대해 헤프다는 것이었다. 한국의 10만 원과 미국의 100달러는 거의 가치가 비슷하다. 한국과 미국은 국민소득으로만 본다면 아직도 세 배 정도의 격차가 있다. 그런 점을 감안한다면 미국의 100달러보다 우리나라의 10만 원이 당연히 더 가치 있고 커야만 한다. 미국 사람들이 100달러를 생각하는 것보다 우리나라 사람들이 10만 원을 생각하는 것이 더 가치 있고 커야 한다는 이야기다. 그러나 사실은 그 반대다. 소득이 낮은 우리나라 사람들이 10만 원을 생각하는 것보다 소득이 높은 미국 사람들이 100달러를 생각하는 것이 더 크다는 것이다. 미국 사람들은 100달러를 큰돈으로 생각하고, 우리나라 사람들은 10만 원을 쉽게 생각하는 경우가 많다.

미국 사람들은 100달러를 크고 귀하게 여길 뿐만 아니라 돈에 대해 알뜰한 편이다. 그러나 우리나라 사람들은 10만 원도 가볍게 여기는 사람들이 많고, 아직도 많은 사람들이 미국만큼 알뜰하지 못하다. 그런 면에서 우리나라도 옛날과는 비교도 되지 않을 만큼 선진국화되어가고 있다. 그것은 아직 우리나라보다 발달하지 못한 나라를 여행해보면 단번에 알 수 있다.

미국에서 생활하고 있는 후배 목사로부터 몇 년 전 들은 이야기다. 미국 사람들은 연봉 5만 달러 정도가 되면, 노후 생활도 준비하고, 1년에 한 번 정도 가족들과 함께 해외 여행도 하고 그러는데 우리나라 사람들은 그 정도의 삶을 살려면 적어도 수입이 7~8만 달러는 되어야 한다는 것이다. 그것은 아직도 우리나라 사람들이 돈에 대해 일반적으로 미국 사람들보다 알뜰하지 못하다는 의미다. 돈을 귀히 여길 줄 모르고, 쓸데없는 일에 돈을 많이 낭비한다는 것이다.

후진국일수록 자기를 과시하는 데 돈을 더 많이 쓰는 것 같다. 그러나 선진국일수록 그런 데 거의 돈을 쓰지 않는다. 후진국일수록 집, 자동차, 옷이나 가구 등등을 필요 때문이 아니라 과시하고 자랑

깨끗한 빈자가 아닌 깨끗한 부자로 살아라

하기 위해 구입하는 경우가 많다. 그러니 자연 헤퍼질 수밖에 없는 것이다. 그런 사고방식 때문에 연소득 5만 달러 가지고는 노후를 준비하고 여행까지 하면서 살 수가 없는 것이다.

물론 선진국이라고 과시하기 위해 돈을 쓰는 사람들이 없는 것은 아니지만, 보편적으로 단지 자랑하기 위하여 자동차나 집, 가구를 사지는 않는다. 그런 사람들이 있다고 해도 후진국보다 훨씬 적다. 때문에 같은 수입을 가지고도 경제적인 여유가 생기는 것이다. 그런 면에서 우리나라는 아직 여러 곳에서 후진성의 티를 벗지 못하고 있다. 아직도 실용적이고 실제적인 일보다는 과시적인 일에 돈을 많이 쓰고 있다는 말이다. 여러 예를 들 수 있지만 우리나라는 선진국보다 음식값이 좀 비싼 편이다. 음식 하나마저도 식사의 의미보다는 과시의 의미가 더 크기 때문이 아닐까?

그것은 소위 명품에 관해서도 마찬가지다. 선진국에서는 아주 고소득인 사람만이 명품에 관심을 가지고 구입한다. 그러나 우리나라는 일반 시민들이 명품에 관심을 가지고 구입한다. 일반 시민은 고사하고 아직 수입이 제대로 없는 청년들과 학생들까지도 명품에 관심이 많다. 때문에 우리나라에는 아직도 소위 짝퉁(가짜 모조품)이 판을 치고 있는 것이다.

선진국의 청년들은 짝퉁에 별로 관심이 없는 것처럼 보인다. 그것은 자기 나이와 소득에 비춰보면 그런 것을 가지고 다니는 게 부끄러운 일이라고 생각하기 때문이다. 명품과 짝퉁으로 자기의 신분을 과장하고 자신을 과시하려고 하는 것은 후진적인 생각이다.

그와 같은 후진적인 사고방식이 돈에 대하여 알뜰하지 못하게 하고 계속적으로 경제적 후진을 면치 못하게 만들고 있는 것이다.

선진국 사람들은 의식주보다 문화와 여행과 기부 쪽에 돈을 더 많이 쓴다. 나는 그와 같은 소비를 선진적이라고 부르고 싶다. 후진국일수록 자기 과시를 위해 돈을 많이 쓴다. 그런데 그렇게 실용적이지 못한 것에는 지나치도록 많은 돈을 쓰는 사람들이 음악회나 콘서트, 그리고 뮤지컬과 같은 데는 돈을 아낀다. 그러나 선진국 사람들은 일상적인 돈은 아끼고 잘 쓰지 않지만 수백 달러씩 하는 음악회나 뮤지컬, 그리고 콘서트에는 의외로 돈을 아끼지 않는 것을 흔히 볼 수 있다. 그보다 더 많은 돈이 드는 휴가와 여행에도 돈을 아끼지 않는다.

또 한 가지 아주 중요한 것이 있는데, 이처럼 작은 돈은 아끼고 큰 돈은 아끼지 않는 선진국 사람들의 경향을 잘 살펴보면 그것이 상당히 기독교적이고 성경적이라는 사실이다.

이와 같은 면에서 우리나라도 많이 선진국화되어가고 있는 것이 사실이다. 그러나 아직도 멀었다. 우리나라는 경제 성장 속도가 시민 의식이 성숙하는 속도보다 아직도 빠르다. 사람들은 수출을 많이 하고 무역을 잘해야만 국민소득이 높아지는 줄 알지만 그렇지 않다. 사람들의 의식이 선진적이어야만 나라가 비로소 선진국이 되는 것이다.

요즘 우리나라는 국민소득 2만 달러 시대를 열겠다고 열심들이다. 국민소득 2만 달러를 달성하려면 먼저 우리의 의식이 2만 달러 시대로 가야만 한다. 우리의 의식이 후진국에서 선진국으로 바뀌어야만 한다. 무엇보다 돈에 대해 의식 수준이 달라져야만 한다. 돈에 대한 인식이 선진적으로 바뀌지 않는다면 나는 우리나라가 2만 달러 시대에 돌입하기 어려울 것이라는 생각을 하고 있다. 돈에 대하여 후진적인 생각이 나에게 남아 있는 것이 아닌지 살펴보고 선진적인 의식과 생각을 가지고 살아갈 수 있으면 좋겠다.

# 돈의 '도'

돈에도 도가 있다. 다도(茶道)라 하여 차 한잔을 마시면서도 도를 논하는데, 하물며 돈에 도가 없겠는가? 돈에도 도라는 게 있다. 돈에 대한 도를 닦아야 사람이 반듯해진다. 사람이 반듯해져야 잘살 수 있다. 무조건 돈 많은 부자라고 다 잘사는 것은 아니다.

## 잘사는 사람, 못사는 사람

1. 돈 많은 사람을 잘사는 사람이라고 부르는 것은 잘못된 것이다. 어리석고 매우 위험하다고 생각한다. 돈이 많은 사람은 부자라고만 불러야 한다. 돈이 많은 사람은 부자일 뿐이지, 잘사는 사람이라고 말할 수는 없다.

2. 돈이 없는 사람을 못사는 사람이라고 부르는 것도 잘못된 것이다. 어리석고 위험하다고 생각한다. 돈이 없는 사람은 가난한 사람이라고만 불러야 한다. 돈이 없는 것은 가난한 것이지, 못사는 것이 아니기 때문이다.

3. 대개의 사람들이 간과하는 게 하나 있다. 인간은 천하보다 귀

깨끗한 빈자가 아닌 깨끗한 부자로 살아라

한 존재라는 것이다. 하나님은 인간을 사랑하셔서 인간을 천하보다 크고 귀하게 창조하셨다. 그러므로 인간은 천하를 다 얻어도 만족하지 못한다. 결코 행복해지지 않는다. 왜냐하면 인간은 천하보다 크고 귀한 존재이기 때문이다.

4. 그러므로 세상에 '있는 것', 특히 돈으로 만족과 행복을 누리려고 하는 것은 어리석다. 돈뿐만이 아니라 천하를 다 얻어도 인간은 절대로 만족할 수 없고, 행복할 수 없다. 인간은 그만큼 대단한 존재다. 하나님이 인간을 그렇게 창조하셨다. 사람을 사랑하시기 때문이다.

5. 사람들은 소유 가치에서 삶의 의미와 행복을 찾지만, 진정한 삶의 의미와 행복은 소유 가치에서 오는 것이 아니라 존재 가치에서 온다. 잘살고 못사는 것은 결국 소유 가치로 평가되는 것이 아니라 존재 가치로 평가되는 것이다.

6. 가난한 사람이라고 업신여겨서는 안 된다. 사람을 외모로 판단하는 것은 성숙한 사람이 할 도리가 아니다. 똑같은 이유로 부자라고 무조건 부정적으로 생각하거나 대해서도 안 된다. 사회적인 수준이 떨어지는 나라일수록 가난한 자에 대한 멸시와 있는 자들에 대한 시기가 심한 법이다. 사회적으로 성숙한 나라일수록 가난하고 약한 자들에게 친절하며, 부자에 대해서도 긍정적이다. 사람의 가치를 절대 돈의 많고 적음으로 판단해서는 안 된다.

7. 가난한 사람을 긍정적으로 생각하고 대하라. 부자도 긍정적으로 생각하고 대하라. 가난한 사람이라고 무조건 차별하지 말라. 부

행복한 부자를 위한 5가지 원칙

자도 마찬가지다. 부자라고 무조건 차별하지 말라. 가난한 사람이든 부자든 사람을 돈으로 판단하지 말라.

## 돈의 한계

1. 돈은 좋은 것이지만 돈으로 무엇이든 다할 수 있는 것은 아니다. 돈은 우리에게 편안함을 줄 수는 있으나 평안함을 줄 수는 없고, 우리에게 재미를 줄 수는 있으나 기쁨을 줄 수는 없다. 돈이 우리에게 진정한 의미의 행복을 줄 수는 없다는 말이다.

2. 세상에는 돈보다 중요한 것들이 얼마든지 많이 있다. 그러나 세상에는 돈을 자신의 인생과 삶에서 가장 소중한 것으로 꼽는 사람들이 얼마나 많은지 모른다. 그렇다고 돈을 하찮은 것으로 여기라는 말이 아니다. 돈은 중요한 것이다. 돈을 자신의 삶에서 가장 중요한 요소로 꼽는 사람들은 어리석다. 그들은 절대로 행복해질 수 없다. 정말 우리에게 행복을 가져다주는 소중한 것들을 돈 때문에 놓치며 살아가기 십상이기 때문이다.

3. 돈보다 귀한 것들에 대해 생각해보고 한번 적어보자. 그리고 실제로도 그것들을 돈보다 귀히 여기며, 돈보다 우선하며 살아가라. 돈 때문에 그와 같은 것들을 뒤로 미루거나 희생하지 말고, 돈보다 귀한 것들 때문에 돈을 뒤로 미루거나 희생하는 삶을 실천하라.

4. 돈의 한계를 알지 못하고 모든 삶을 돈에만 올인(all in)하는 것이 세상에서 가장 어리석은 일이고 위험한 일이다.

깨끗한 빈자가 아닌 깨끗한 부자로 살아라

## 돈의 중요성

1. 돈의 중요성만 알고 한계성을 모르는 것도 문제지만, 돈의 한계성만 알고 돈의 중요성을 모르는 것도 똑같이 문제다.

2. 돈이 전부가 아니라는 말과 돈이 아무것도 아니라는 말은 다른 말이다. 그런데도 사람들은 때때로 그것을 같은 말로 이해한다. 돈은 전부가 아닐 뿐, 절대로 아무것도 아닌 것이 아니다.

3. 돈에 대하여 공부하고, 연구하고, 훈련하라. 돈으로 말하는 사람이 되어라. 돈으로 자식에게 인생을 가르치는 부모가 되어라.

## 절약과 저축

1. 돈을 가장 중요한 것으로 여기는 것도 어리석지만 그렇다고 해서 돈을 우습게 여겨, 돈 귀한 줄 모르고 사는 것도 역시 똑같이 어리석다.

2. 돈을 아껴라. 되도록 절약하여 저축하라. 아이들에게는 돈에 대해 두 가지를 꼭 가르쳐야 한다. 하나는 옳고 좋은 일에 돈을 쓰라는 것과 또 다른 하나는 쓸데없는 일에 돈을 낭비하지 말고 저축하라는 것이다.

3. 열심히 신앙생활을 하는 기독교인들 가운데, 특히 목회자들 가운데는 저축하는 것을 믿음이 없는 것으로 알고 있는 사람들이 많이 있다. 그러나 그렇지는 않다. 하나님은 '너희 보물(구체적으로 돈)을 하늘에 쌓아두라'는 말씀을 통해 돈을 바르고 옳은 일에 쓰라고 말씀하셨지만, 그 말씀이 전혀 저축할 필요가 없다든가, 해서는 안 된

다는 뜻은 아니다. 성경은 오히려 우리들에게 저축을 가르친다: 바로 왕에 대한 요셉의 꿈 해몽은 7년 풍년의 때에 7년 흉년을 대비하라는 것이었다. 우리 인생에도 7년 풍년의 때가 있고, 7년 흉년의 때가 있다. 7년 풍년의 때는 돈을 벌 수 있는 젊은 시절이고, 7년 흉년의 때는 더 이상을 돈을 벌 수 없는 노년 시절이라고 할 수 있다. 돈을 벌 수 없는 7년 흉년의 때를 위해 돈을 벌 수 있는 7년 풍년의 때에 저축을 해야 한다.

4. 젊어서 저축하라. 아무리 적은 돈이라도 쓰기만 하지는 말라. 사업에 필요해서 융자받는 것은 상관없지만 개인적인 부분에서는 되도록 빚지고 살진 말라. 오늘 물건을 구입하고 내일 돈을 내는 카드 사용을 조심해라. 외상으로 소를 잡아먹지 않도록 조심해라. 매달 지출이 수입을 넘어서지 않도록 해라.

5. 빚은 무서운 것이다. 두부 한 모라도 생각 없이 외상으로 사지 말라. 오늘의 위기를 빚으로 넘기겠다는 생각을 버려라. 생각 없이 내일을 미리 당겨 살지 말라. 오늘은 오늘로 살되, 힘이 있고 여유가 있다면 오늘을 조금씩 남겨 내일을 예비하고 준비해라.

## 저축의 한계

1. 그러나 저축에도 한계가 있어야 한다. 옳고 귀한 일에 돈을 쓰는 것까지 절약하여 서축하는 것이나, 자신의 건강하고 정상적인 생활을 유지하기 위해 마땅히 써야 할 돈까지 무조건 절약하며 저축하려는 것은 문제가 있다.

깨끗한 빈자가 아닌 깨끗한 부자로 살아라

2. 오늘을 위해 내일을 희생하는 것은 문제가 있다. 내일을 위해 오늘을 희생하는 것이 옳다. 그러나 그 희생에도 한계가 있다는 점을 기억해라. 지나친 낭비와 지나친 저축은 모두 다 지혜로운 일이 아니다. 돈에 대해서는 지나치지도 않고 모자라지도 않는 균형 감각을 익히도록 해라.

3. 자기가 번 돈이라고 무조건 자기만을 위해 쓰는 것은 옳지 않다. 반대로 자신을 위해 돈을 쓰는 것 모두를 죄악시하는 것도 옳지 않다. 열심히, 바르게 돈을 벌어 하나님과 어려운 이웃들을 위해 바르게 잘 쓰는 것도 중요하지만, 이것만을 돈을 버는 이유와 목적으로 삼으면 삶이 피곤해질 수밖에 없다. 돈을 버는 목적 가운데 하나는 바로 자기 자신이 되어야 한다. 자신을 위해 돈을 쓸 줄도 알아야 하고 누릴 줄도 알아야 하며 즐길 줄도 알아야 한다. 그것을 무조건 죄악시하는 것은 잘못된 것이다.

4. 돈을 건강하게 즐길 줄 아는 세상이 건강한 세상이다. 극단적인 물질주의와 쾌락주의도 문제지만, 극단적인 금욕주의도 문제라는 것을 알아야 한다.

## 돈 잘 쓰기 훈련

1. 돈에 대한 욕심을 제어하는 훈련을 하기 위해서는 돈을 쓰는 훈련을 해야 한다. 성경에 보면 하나님이 가장 많이 말씀하시는 것 가운데 하나가 바로 돈이다. 돈을 바르게 잘 쓰라는 말씀이다. 하나님과 가난한 이웃을 위해 언제나 일정한 몫을 떼어두라는 것이 구약부

터 신약까지 일관되게 흐르는 하나님 말씀이다.

2. 아이들에게는 어려서부터 가난한 이웃들을 위해 용돈을 떼어 구제하는 훈련을 시켜라. 모든 돈을 자기 자신만을 위해 쓰지 않도록 훈련해야 한다. 신문이나 텔레비전에서 어려운 사람들에 대한 이야기가 나오거든 다만 얼마라도 돕도록 하는 훈련을 시켜, 그것이 생활이 되도록 해라.

3. 이렇게 벌고, 모은 돈을 다른 사람을 위해서도 쓸 줄 알게 되면 돈에 대한 욕심을 다스릴 수 있다. 욕심을 다스린 분량만큼 돈보다 소중한 것들을 얻는 축복을 받게 될 것이다. 옳은 일에 돈을 쓰는 만큼 돈보다 귀하고 소중한 것들로 삶이 채워진다는 사실을 마음에 새기기 바란다.

4. 삶 전체를 돈에 대한 욕심으로 가득 채운 사람은 어리석다. 그런 사람에게는 돈보다 소중한 것들이 그에 삶에 채워질 틈이 없어 불쌍할 따름이다.

5. "구제를 좋아하는 자는 풍족하여질 것이요 남을 윤택하게 하는 자는 윤택하여지리라."(잠언 11장 25절)

## 복의 근원이 되어라

1. 소위 성공했다는 사람 가운데는 두 종류의 사람이 있다. 하나는 5천 명분을 혼자서 먹고사는 사람이고, 또 다른 하나는 5천 명을 먹이는 사람이다. 흔히들 5천 명분을 혼자 먹고사는 사람도 잘사는 사람이라고 이야기하지만, 하나님은 5천 명분을 혼자서 먹는 사람이

아니라 5천 명을 먹이고 사는 사람을 잘사는 사람이라 하신다.

2. 성경은 저 혼자서 잘 먹고사는 것을 잘사는 것이라고 이야기하지 않는다. 기독교가 말하는 복은 그 스케일이 크다. 하나님은 말씀하신다. "너는 복의 근원이 될지라. 너와 네 자손으로 인하여 나라와 민족이 복을 얻을 것이니라."

3. '돈 벌어서 남 주냐?', '공부해서 남 주냐?'는 말이 있다. 별로 좋은 말이 아니다. '돈 벌어서 남 주자. 공부해서 남 주자'라고 말하면 정말 근사한 말이 된다. 그렇게 살 수 있다면 정말 근사해질 것이다.

### 부자 티가 없는 사람

1. 어렵고 가난한 이웃을 위해 돈을 쓰는 것은 중요하다. 그런데 여기에도 위험이 따른다. 그것은 자신이 가난한 사람보다 우월하고 높은 위치에 있다고 착각하는 데서 시작된다. 교만한 마음으로 하는 구제는 차라리 구제를 하지 않는 것보다 더 나쁘다.

2. 구제를 훈련하기 이전에 먼저 겸손을 훈련하여야 한다. 사람을 귀히 여기며, 사람의 인격을 존중하는 훈련을 먼저 해야 한다. 구제할 때 구제받는 사람의 인격을 존중해야 하며 그러기 위해서는 할 수 있는 한 오른손이 하는 일을 왼손이 모르도록 해야 한다.

3. 부자지만 부자 티가 없는 사람, 가난한 사람을 깔보지 않고 가난한 사람과 아무렇지도 않게 잘 어울리며 친구가 될 수 있는 사람이 정말 훌륭한 사람이다.

4. 구제하는 것도 훈련을 통해 몸에 베게 해야 하지만, 반대로 구제를 받는 것도 훈련이 필요하다. 살다 보면 구제할 때도 있지만 구제를 받아야만 할 때도 있는 법이다. 따라서 구제하는 훈련과 구제받는 훈련이 모두 필요하다.

5. 구제하는 훈련이 제대로 안 되어 있는 경우도 많다. 그래서 전혀 구제를 하지 않거나, 혹시 하더라도 구제받는 사람의 인격에 상처를 주는 경우도 있다. 반대로 구제받는 훈련이 되어 있지 않아, 좋은 뜻으로 구제한 사람을 낙심하게 하는 경우도 있다.

## 가난한 티가 없는 사람

1. 도움을 받는다는 것은 감사할 일이다. 그러므로 우리는 감사할 줄 아는 사람이 되어야 한다. 진심에서 우러나오는 감사는 구제하는 자를 격려하여 더 많은 구제를 실천하게 하는 원동력이 된다. 이로써 자신뿐만 아니라 다른 어려운 이웃들도 도움을 받을 수 있는 기회가 늘어나게 된다는 것을 알아야 한다.

2. 도움받을 때는 감사하는 마음으로 받아야 하지만, 너무 도움을 받는 데 익숙해지지 않도록 조심해야 한다. 도움을 발판으로 삼아 도움받는 위치에서 최선을 다해 벗어나야 한다. 그런 후에는 반드시 빚을 갚아야 한다. 도움을 준 사람에게 갚는 게 아니라 자신보다 더 어려운 이웃에게 도움을 주면 된다. 이렇게 순환될 때에서야 세상은 살기 좋아질 것이다.

3. 가난하지만 가난한 티가 없는 사람, 무조건 부자를 시기하지 않

깨끗한 빈자가 아닌 깨끗한 부자로 살아라

으며, 박수도 쳐주고 아무렇지도 않게 함께 어울릴 수 있는 사람이 정말 훌륭한 사람이다.

4. 살다 보면 가난하게 살 수도 있고, 부유하게 살 수도 있다. 가난하게 살게 되면 되도록 당당하게 살고, 만일 부자로 살게 된다면 되도록 가난한 이웃과 함께 가진 것을 나누며 겸손하게 살자.

## 돈에 대한 기독교의 두 극단

1. 기독교 안에는 돈에 대한 극단적인 두 부류가 있다. 하나는 돈을 무조건 축복이라고 생각하여 예수를 믿으면 부자가 된다고 생각하는 기복주의다. 또 다른 하나는 돈과 물질을 무조건 악하게만 보는 영지주의다. 둘 다 진정한 의미의 기독교가 아니다. 돈은 복도 아니고 악도 아니기 때문이다. 돈을 복되게 벌고 복되게 쓸 수도 있고, 악하게 벌고 악하게 쓸 수도 있다. 그러나 돈 자체는 선도 악도 아니다. 돈은 그냥 돈이다.

2. 청빈은 훌륭한 것이다. 그러나 모든 가난이 다 청빈은 아니다. 세상에는 졸부도 많다. 그러나 모든 부자가 다 졸부는 아니다. 그런데도 사람들은 모든 가난은 다 청빈이고, 모든 부자는 다 졸부라고 생각하는 경향이 많다. 졸빈도 있고 청부도 있다는 것을 알았으면 좋겠다.

3. 무작정 가난을 좋아할 필요는 없다. 가난을 무서워할 필요는 더욱 없다. 가난을 좋아하는 사람은 엉뚱한 사람이요, 가난을 무서워하는 사람은 못난 사람이다. 할 수 있는 대로 부자가 되자. 가난보

다는 부자가 좋은 것이다. 그러나 가난이 무서워 수단과 방법을 가리지 않고 무조건 부자만 되려고 하지는 말자.

4. 나는 '돈으로부터의 자유'와 '돈에 대한 욕심으로부터의 자유'를 구별하고 싶다. 잘못하면 두 가지를 혼동하여 같은 의미로 받아들일 수 있다. 우리가 힘쓰고 애써 노력해야 할 것은 '돈에 대한 욕심으로부터의 자유'이지, 무조건적인 '돈으로부터의 자유'는 아니다.

### 진리가 밥 먹여준다

1. '의(義)가 밥 먹여주냐?'는 말이 있다. 사람들은 '의'는 밥에 대해 아주 무능하다는 편견을 가지고 있다. 그러나 그렇지 않다. 의가 밥 먹여준다. 성경에 보면 "너희는 먼저 그의 나라와 그의 의를 구하라 그리하면 이 모든 것(먹을 것과 입을 것과 마실 것)을 너희에게 더하시리라."(마태복음 6장 33절)는 말씀이 있다. 의가 밥 먹여준다는 말씀이다.

2. 선진국에서는 보통 신용카드가 화폐를 대신한다. 신용이 곧 돈이 되는 사회다. 신용은 바로 정직에서 온다. 그런 의미에서 볼 때 정직은 곧 돈이다. 부자가 되려면 정직해야 한다. 사람들은 정직하면 바보가 되고 가난해진다고 이야기하지만, 그렇지 않다. 그것은 거짓말이며 사기다. 바보가 되는 것 같아 보여도 끝까지 정직하면 정직은 신용이 되고 신용은 돈이 된다. 부자가 되려면 정직해야 한다. 끝까지 정직해야만 한다. 끝까지 정직하면 누구나 성공할 수 있

깨끗한 빈자가 아닌 깨끗한 부자로 살아라

고, 부자도 될 수 있다.

3. 사람들은 군자는 무조건 가난해야만 하는 걸로 잘못 알고 있다. 군자라면 무조건 가난해지는 줄로만 안다. 그러나 군자가 가난해지는 것은 세상이 삐뚤고 왜곡됐기 때문이다. 정상적인 세상이라면 군자는 반드시 부자가 되어야 한다. 군자가 가난해지는 세상이 좋은 세상이 아니라, 군자가 부자가 되는 세상이 좋은 세상이다.

4. 돈을 잘 쓸 줄 알고 아낄 줄 아는 것은 중요한 일이다. 그러나 그에 못지않게 중요한 것은 돈을 바르게 버는 것이다. 정직하게 벌어야 한다. 군자처럼 돈을 벌어야 한다. 사람들은 부자든 군자든, 둘 중에 하나를 선택해야 하는 것으로만 생각한다. 그러나 이는 매우 위험한 생각이다. 가장 훌륭한 것은 자신과 세상을 위해 군자와 부자가 동시에 되는 것이다.

5. 정당한 방법으로 돈을 벌라. 뇌물을 주지 말라. 탈세하지 말라. 빚을 떼어 먹지 말라. 남에게 손해를 끼치지 말라. 그렇게 해서 언제 돈을 버느냐고 묻지만, 이것이 돈 버는 가장 좋은 방법이다.

6. 땀 흘려 돈을 벌라. 하나님의 축복은 손이 수고한 대로 먹는 것이다. 도박을 하거나 복권을 사거나 투기(투자와 투기는 다르다. 때때로 구별하기가 어려울 때가 있지만 투기와 투자를 구별할 수 있어야 한다)를 하는 것은 하나님의 방식이 아니다. 돈을 아끼는 것도 중요하고, 돈을 바르게 쓰는 것도 중요하지만 돈을 바르게 버는 것 역시 마찬가지로 중요하다.

7. 모든 일을 어느 정도 노력했다면 돈이 주는 여유도 감사하는 마

음으로 즐길 줄 알아야 한다. '삶의 도리'와 '삶의 여유'는 참으로 균형을 잡기가 어려운 개념이다. 그러나 그 둘은 어느 것 하나도 포기할 수 없는 중요한 개념이다. '삶의 도리'만큼이나 '삶의 여유'도 중요하다. 물론 '도리'를 다하지 못하는 자의 '여유'는 아름답지 못하다. 그러나 '여유'를 무조건 부정하고 죄악시하며 '도리'만을 강조하는 것은 참으로 피곤한 일이 아닐 수 없다.

## 돈으로 자식에게 인생을 가르쳐라

1. 돈으로 말하라(Put your money where your mouth is). 돈에 대해 반듯한 사람이 진정으로 반듯한 사람이다. 자식에게 돈에 대하여 가르칠 수 있는 선생이 되어라. 모범적인 선생이 되어라. 돈에 대하여 반듯한 자는 절대로 자신의 인생에서 실패하지 않는다.

2. 그러기 위하여 개인적인 금전출납부를 기록해보라. 그 금전출납부를 자녀에게 돈을 가르칠 때 쓰는 교과서로 삼자. 돈으로 자식에게 인생을 가르치는 부모가 될 수 있도록, 돈에 대하여 반듯한 삶을 살아라.

깨끗한 빈자가 아닌 깨끗한 부자로 살아라

# 행복한
# 부자를 위한
# 제4원칙

내가 벌었다고, 다 내 돈이 아니다
—우리가 마땅히 실천해야 할 돈을 다스리는 지혜

# 높은 연봉을 받는 것만이
# 직장 생활의 목적이 아니다


목사 안수를 받고 목사가 된 지도 벌써 24년이 지났다. 함께 신학을 공부한 동기들은 이미 다 교계의 중진이 되거나 교회의 담임목사가 되었다. 우리는 전도사를 하고 부목사를 할 때, 교회에서 한 달 생활비를 얼마나 주냐고 먼저 물었던 적은 없었다. 그것은 담임목사로 부임할 때도 마찬가지였다. 관심이 없어서가 아니라 그런 질문이 금기시되어 있었기 때문이다. 그와 같은 것을 물으면 삯군 취급을 받았기 때문이다.

아직도 그 금기는 계속되고 있다. 그러나 간혹 당찬 젊은 전도사와 부목사들이 부임하기 전에 그와 같은 것을 묻는 경우가 있어 우리 같은 기성 목사들을 놀라게 한다. 친구 목사들은 간혹 그런 경험을 하게 되면 낙심하며 세상이 다 끝난 것처럼 호들갑을 떤다. 아직까지 내가 시무하는 교회에서는 전도사나 목사로 오는 사람들이 그런 것들을 물어본 적이 없었다. 그러나 혹시 그런 사람이 있다고 해도 나는 놀라지 않을 것이다. 또 그들을 삯군이라고 생각하지도 않을 것이다. 그저 정직하고 분명하며 용기 있는 사람이라고

만 생각할 것이다.

교회를 정할 때 '이 교회는 생활비를 도대체 얼마나 줄까?'에 대해서 궁금한 마음을 갖지 않는 사람은 아무도 없다. 그것을 안 그런 척, 관심 없는 척 초연하게 행동하는 것은 오히려 위선에 가까운 것이 아닌가 생각한다. 나는 아예 전도사와 부목사를 청할 때 묻기 전에 다 이야기해준다.

교회 목사와 전도사 그리고 직원들의 봉급은 교회가 정해주는 대로다. 올려주면 올려주는 대로, 올려주지 않으면 올려주지 않는 대로 받는다. 나는 그것이 공정하지 않다고 생각한다. 요즘 교회도 많이 발전하여 노조가 있는 교회도 있다. 교회 노조가 생긴 후 교회와 투쟁(?)을 하면서 교회가 협상에 잘 응해주지 않자 민주노총에 가입하여 민주노총 노조원들의 응원 사격을 받기도 하였다. 나는 그런 식의 교회 노조에는 물론 찬성하지 않는다. 그러나 교회 내에 노조가 생긴다는 것 자체는 반대하지 않는다. 나는 물론 담임 목사로 고용자 입장에 서 있는 사람이지만, 직원들이나 교역자들이 자기들의 인권을 주장하기 위하여 조직을 만들고 월급과 연봉에 대하여 얼마든지 정당한 방법으로 협상을 할 수 있다고 생각한다. 나는 그것이 공정하고 민주적인 것이라고 생각한다.

열심히 일하고 정당한 대우를 요구하는 것은 절대로 이상한 것도 아니고 잘못된 것도 아니다. 사람들은 교회의 직원과 교역자들이 그와 같은 일을 하면 소명감이 있느니 없느니, 신앙심이 깊으니 얕으니 하고 말들이 많겠지만 나는 그것을 소명감과 신앙심으로 몰아가는 것은 옳지 않다고 생각한다.

한국 교회와 교인들 사이에는 소명감과 신앙심을 내세워 교회 직원들과 목회자들을 가난하게 만들려고 하는 아주 이상한 심리가 있다. 사람들은 예수님이 제자들을 세상으로 내보내시며, 두 벌 옷도 입지 말고, 전대도 차지 말고 지팡이만 들고 나가라고 말씀하신 것을 이야기하며 목회자는 가난해야만 한다는 주장을 보편적으로 한다. 그러나 그 말씀은 목회자들은 가난해야만 한다는 뜻이 아니다.

예수님은 교인들이 목회자의 입을 것과 먹을 것을 책임져주어야 한다는 것을 말씀하신 것이다. 예수님은 또한 일하는 소의 입에 망을 씌우지 말라는 말씀(신명기 25장 4절)과 일꾼이 그 삯을 받는 것이 마땅하다는 말씀(누가복음 10장 7절)을 하셨다.

나는 사람들이 더 많은 연봉을 위하여 회사를 옮기는 일이 잘못된 것이라고 생각하지 않는다. 회사가 일 잘하는 사람을 선발하여 뽑는 것이 정당한 일이라면 노동자가 연봉을 더 많이 주는 회사를 선택하려고 하는 것도 잘못된 일이 아니다. 나는 이왕이면 연봉을 많이 주는 회사를 택하는 것이 좋다고 생각한다. 사람 귀한 줄 알고 사람 대접할 줄 아는 회사에 들어가면 더 효율적으로 일을 할 수 있지 않을까 하는 생각도 해본다. 사람 귀한 줄 모르는 회사에서 일을 하는 것은 연봉을 떠나 힘들고 어려울 수 있다.

그러나 더 많은 연봉을 위하여 수시로 회사를 옮기는 것은 멀리 내다볼 때 좋지 않다. 자주 회사를 옮기다 보면 실력과 경력을 쌓

내가 벌었다고, 다 내 돈이 아니다

기가 어렵고 회사로부터 신뢰를 얻기도 어려울 것이다. 조금 연봉이 적은 듯싶어도 멀리 내다보고 한 회사에서 꾸준히 10년, 20년을 근무하는 것이 훨씬 더 이익일 경우가 많다.

더 많은 연봉을 위하여 수시로 회사를 옮기는 일이 자신을 위하여 손해일 경우가 있으니 조심하라는 말은 할 수 있겠지만, 그리고 웬만하면 한 회사에서 꾸준히 일하는 것이 더 좋을 수도 있다는 말은 할 수 있지만, 더 많은 연봉을 위하여 회사를 옮기는 일을 무조건 나쁜 일이라고 말하는 것은 성숙치 못한 태도라고 나는 생각한다.

## 부정하게 돈 버는 회사는 그만 두자

그렇다면 부정하게 돈 버는 회사에 다니고 있다면 그만 두어야 하는가? 그만 두는 게 좋다. 왜냐하면, 그 회사는 오래가지 못해 망할 회사이기 때문이다.

그리고 부정하게 돈을 버는 회사에서 일하다 보면 직원인 자신도 결국 부정에 휩쓸리게 될 터인데, 회사가 망할 때 그 책임을 져야 할 것이고 결국 회사와 함께 망하게 될 것이다.

그러므로 다니고 있는 회사가 부정하게 돈을 버는 회사라면 빨리 그만 두는 게 좋다.

그러나 이런 저런 형편상 그만 둘 수 없다면, 최선을 다해, 아니 죽을힘을 다해 그 회사를 정직한 회사로 만들어야 할 것이다. 회사를 위해서도 물론이지만 더 중요한 것은 그것이 바로 자기 자신을 위한 일임을 알아야 할 것이다.

힘들다고, 불가능하다고, 마음엔 원이로되 육신이 약하다고, 세상에 정직한 회사가 어디 있냐고 타협하게 되면, 결국 때가 이르매 망하게 될 것이다. 다시 회복할 수 없는 때, 다시 회복하기 힘든 상태에서 망하게 될 것이다.

부정직한 회사를 떠나든지, 열심히 기도하여 정직한 회사를 만나든지 둘 중에 하나는 분명히 해야 할 것이다.

# 선생님께 돈 봉투를 들이밀지 말라

"성의 표시로 아이의 선생님에게 적으나마 돈을 드리는 것은 잘못된 일인가?" 이 같은 질문은 특히 한국에서 아이를 키우는 부모라면 한번쯤 생각해보았음직한 것이다. 과연 성의 표시로 아이 선생님에게 적은 돈을 드리는 것은 잘못된 일일까?

나는 아이 셋을 키우면서 나름대로 선생님에 대한 원칙을 세웠다. 그것은 다음과 같다.

첫째, 아이 선생님에게 인사를 하는 것을 원칙으로 한다.

둘째, 인사를 할 때는 돈을 드리지 말고 큰 부담이 가지 않는 선물을 한다.

셋째, 인사는 학기 초에 하지 말고 언제나 학기 말에 한다.

여러 해 전 텔레비전에서 부산 어느 초등학교에서는 선생님들에게 드리는 봉투가 전혀 없다는 내용의 방송을 하였다. 학생들과 학부형들을 실제로 인터뷰했는데, 어느 학부형이 나와서는 자기들은 소풍 때 선생님 도시락도 싸지 않는다고 말했다. 나는 그 이야기를 들으면서 그 학부형이 지나치며, 그런 생각은 오히려 자녀 교육에 좋지 않다는 생각을 하였다. 자기 아이를 가르치는 선생에게 다른 날도 아니고 소풍날에 도시락 하나 정도도 드리지 않는다는 것은 지나치다고 생각했다. 그리고 그와 같은 생각은 지금도 마찬가지다.

학년 말이 되어 학기가 끝나면 아이 엄마는 백화점에 가서 아이 선생님에게 드릴 작은 선물을 사서 간단하지만 정성껏 감사 편지를 쓴 후 예쁘게 포장을 한다. 그리고 그것을 아이 손에 들려 보낸다. "한 해 동안 가르쳐 주셔서 고맙습니다"라는 인사를 연습시켜서 말이다.

작은 선물이라도 학기 초에는 하지 않았다. 그것은 선물이 아니라 뇌물이 될 수 있기 때문이다. 그 선물 때문에 형편이 어려워 선물을 준비하지 못한 집의 아이보다 내 아이가 조금이라도 특별 대우를 받게 되는 것은 공정한 일이 아니라고 생각하였기 때문이다.

세 아이를 키우면서 선생님 때문에 속을 썩인 적이 꼭 한 번 있었다. 둘째가 초등학생이었을 때 담임선생님이 아이를 통하여 엄마에게 학교 좀 다녀가시라는 말을 전해왔다. 아내는 빈손으로 가는 것이 쉽지 않았지만 학기 중에는 선물하지 않는다는 나름대로의 원칙에 따라 그냥 빈손으로 학교로 가, 선생님을 뵈었다. 그 후로도 그 담임선생님으로부터 여러 번 호출(?)이 있었지만 그때마다 아내는 빈손으로 갔다.

은근히 무엇인가 바랐던 선생님은 마침내 화가 났던지 우리 둘째

내가 벌었다고, 다 내 돈이 아니다

아이를 1년 내내 교실 맨 뒤 쓰레기통 옆에 앉혔다. 남녀 성비가 맞지 않아 남자 아이보다 여자 아이들의 수가 적었는데 우리 둘째는 1년 내내 여자 아이와 짝을 하지 못했다. 내 소중한 아이를 가지고 장난하는 선생에게 화가 많이 났지만 어떻게 할 수가 없었다. 그래도 끝끝내 학기 중에 그 선생님에게 아무런 선물도 보내지 않았다.

학기말이 되어 선생님들의 선물을 준비할 때 솔직히 그 선생님 선물은 사고 싶지 않았다. 그래도 꾹 참고 그 선생님 선물도 사서 잘 포장한 후 둘째에게 들려 보냈다. 인사까지 연습시켜서. 그때 그 선생님이 어떤 느낌을 받았을지 지금까지 궁금하다.

뇌물은 안 된다. 그러나 선물까지 없어서는 안 된다. 그러면 사는 것이 너무 빡빡해서 못 쓴다. 그것은 자녀교육상 좋지 못하다. 잠언 19장 6절에 보면 "선물을 주기를 좋아하는 자에게는 사람마다 친구가 되느니라"는 말씀이 있다. 물론 이 말씀이 뇌물을 주라는 말씀은 아니다. 성경은 뇌물과 선물을 구별하고 있는데 우리는 때때로 선물과 뇌물을 구별하지 못하는 경우가 많은 것 같다.

1984년에 영락교회 부목사가 되었다. 영락교회 부목사의 주된 사역은 심방이었다. 1년 내내 교인들의 가정을 심방했다. 그런데 심방을 가면 적지 않은 가정에서 책을 사보라든지, 아이들에게 과자를 사주라며 봉투를 쥐어주곤 했다. 물론 집집마다 그러는 것은 아니었지만 꽤 적지 않은 집에서 그렇게 하니 그 돈이 만만치 않았다.

처음에는 한사코 사양했지만 정말 돈이 싫어서 그런 것은 아니었기 때문에 못 이기는 척 받곤 했다. 어느 집에서는 한사코 사양을 했더니 봉투 전해주는 것을 포기하고 부엌에 들어가 떡을 싸가지고 오시며 그러면 집에 가서 아이들이나 주라며 들려주셨다. 감사하는 마음으로 떡을 받아와 집에서 풀어보니 떡 그릇 밑에 봉투가 붙어 있었다. 은근히 기분이 좋았다.

부목사 생활 2년쯤 되었을 때 어느 집에서 나올 때 또 떡을 싸주셨다. 집에 돌아와 포장을 풀면서 그릇 밑을 살펴보았다. 아무것도 없었다. 그냥 떡만 싸주신 것이었다. 나도 모르게 섭섭한 마음이 들었다. 그리고 동시에 스스로가 참 비참해지는 것을 느낄 수 있었다. 어쩌다 내가 이렇게까지 되었는가? 생각하니 서글플 뿐만 아니라 이러다가는 안 되겠다는 생각이 들었다. 그때 영락교회를 떠나야 되겠다는 생각을 했고 그로부터 5개월 후 영락교회를 떠나게 되었다.

새로 부임하게 된 교회에 가자마자 교인들에게 솔직하게 떡 그릇 이야기를 하였다. 그리고 심방 갔을 때 제발 봉투를 주지 말라고 부탁하였다. 교인들이 무척 좋아하였다. 그러나 나중에 알고 보니 그것은 괜한 걱정이었다. 그 교회는 본래부터 심방 때 목사에게 봉투를 줄 줄 모르는 교회였다.

영락교회에서 했던 설교를 대부분 새로 부임한 교회에서도 하였다. 그러다 보니 두 교회가 비교가 되었다. 똑같은 설교를 하는데도 영락교회 교인들이 새로 부임한 교회 교인들보다 더 설교를 잘 듣고 은혜를 받는다는 것을 알게 되었다. 나는 그 이유가 무엇일까를 생각해보았다.

심방 때 내민 봉투가 목사에게는 아주 위험한 것이 틀림없었지만, 교인들 입장에서 볼 때 그것은 뇌물이 아니라 선물이었다. 교인들 나름대로는 정말 목사에게 책 한 권이라도 사주고 싶어서 그렇게 했던 것이었다. 그와 같은 마음이 설교를 듣고 은혜를 받는데 아주 직접적인 영향을 끼친다는 것을 알게 되었다.

나는 그때 모든 일이 그렇게 단순하지만은 않다는 것을 알게 되었다. 봉투를 받아도 문제, 안 받아도 문제가 된다는 것을 알게 되었다. 봉투를 받으면 목사가 위험해지게 되고, 그것을 너무 막으면 교인들이 빡빡해진다는 것을 알게 되었다.

목회를 하면서 청년들에게 이렇게 이야기를 하였다. 학교를 졸업하고 취직하면 첫 월급을 하나님께 드려라. 너의 온 삶을 하나님께 드리는 것과 마찬가지다. 둘째 달 월급을 타면 그것을 부모님께 드려라. 월급을 타서 본인이 써야 하는 경우에도 할 수 있는 대로 둘째 달 월급은 부모님께 다 드려라. 셋째 달 월급을 타거든 내 넥타이 하나쯤은 사오너라. 그리고 나뿐만 아니라 특별히 고맙게 생각나는 학교 은사님께도 작은 선물 하나라도 사들고 가서 인사를 드려라.

나는 어느 탤런트보다도 넥타이가 많다. 세 번째 월급 탔다며 넥타이 사들고 온 청년들이 꽤 있기 때문이다. 어떤 때는 내가 감히 소화하지 못할 색깔과 디자인의 넥타이를 사가지고 오는 청년들도 있다. 그래도 나는 그 넥타이를 묶고 설교를 해야 한다. 그 넥타이를 사준 청년은 그 다음 주일 내 목만 뚫어져라 쳐다보고 있을 것이기 때문이다.

　뇌물을 안 하기도 어렵고, 순수한 마음으로 학기말에 선물하기도 어렵다. 그러나 둘 다 하면서, 깨끗하면서도 여유 있게 살아가는 사람들이 되었으면 좋겠다.

내가 벌었다고, 다 내 돈이 아니다

# 자녀에게 유산을 물려주지 말라

하나님은 이스라엘 백성들에게 안식일을 지키라고 하셨다. 엿새만 일하고 칠 일째 되는 날은 쉬라는 것이다. 자기만 쉬는 것이 아니라 자기 집에서 일하는 모든 사람을 쉬게 하고 심지어는 짐승도 쉬게 하라는 것이 하나님의 명령이었다.

사람이 일과 돈에 너무 중독되지 않게 하시려는 의도라고 나는 생각한다. 돈과 일에 빠져 쉴 줄도 모르고 놀 줄도 모르고 살면 건강하지 못하기 때문이다. 욕심 때문에 쉬지 않고 일주일 내내 일만 하면 오히려 능률도 오르지 않는다. 안식일의 명령을 통하여 우리는 돈과 일을 위해 열심히 노력해야 하지만 너무 집착해서는 안 된다는 교훈을 얻을 수 있다.

하나님은 이스라엘 백성들에게 안식년을 지키라 말씀하셨다. 6년 동안 농사를 지은 후 7년째 되는 해는 농사를 쉬라는 것이었다. 일주일에 하루를 쉬는 것은 어느 정도 마음먹으면 할 수 있는 일이지만 한 해를 통째로 쉬고 일하지 않는다는 것은 참으로 쉽지 않은 일이었다. 그러나 하나님은 이스라엘 백성들에게 안식일뿐만 아니라 안식년을 지키라고 말씀하셨다. 이스라엘 백성들은 그와 같은 하나님의 말씀에 순종하여 안식일뿐 아니라 안식년도 지켰다.

안식년의 의미는 무엇일까? 왜 하나님은 안식년을 지키라 하신 것일까? 나는 그것이 우리의 생활과 생명이 우리에게 달려 있는 것이 아니라 하나님께 달려 있다는 것을 가르치시기 위함이라고 생각한다. 농사를 6년 동안 지어 먹고 살다 보면 하나님의 능력으로 먹고사는 것이 아니라 자기의 능력으로 먹고사는 것이라고 착각할 수 있다. 그때 하나님은 농사를 쉬게 하신다. 그것을 통하여 사람이 먹고사는 것이 우리의 능력에 있는 것이 아니라 하나님의 능력에 있다는 것을 깨닫게 하시는 것이다. 내 나름대로의 해석이다.

전에 있던 교회에서 예배당을 건축하다가 완공 6개월을 앞둔 시점에서 안식년을 갖게 되었다. 예배당 건축 중에 교회를 담임하는 목사가 안식년을 한다는 것은 나도 이해가 잘 가지 않았다. 그러나 나는 그때 안식년의 의미가 '너 없어도 돼!'에 있다고 생각하였다. 6년 동안 열심히 목회를 하여 교회가 부흥하고 큰 예배당까지 짓게 되니 나도 모르는 사이에 기고만장하게 되었다. 내가 유능하고 목회를 잘해서 교회가 이렇게 부흥하게 되었다는 생각이 아무리 노력을 하여도 없어지지 않았다.

스스로 생각하기에도 아주 위험한 생각이었다. 나 없으면 안 되는 교회, 내가 없으면 예배당도 지을 수 없는 교회가 되어서는 안된다는 생각이 들었다. 그리고 교회는 내가 하는 것이 아니라 하나님이 하시는 것이고 교인들이 해야 하는 것이라는 생각이 들었

내가 벌었다고, 다 내 돈이 아니다

다. 그와 같은 생각을 당회에 잘 설명하여 어렵지 않게 안식년을 얻었다.

안식년을 하는 동안 교회에 전화 한 번도 하지 않았다. 모든 의사 진행과 결정을 나 없이 하게 하기 위함이었다. '나 없으면 짓지 못할 예배당이라면 짓지 않는 게 좋다'며 그렇게 고집을 부렸다.

안식년 마지막 두 달을 남겨두고 캐나다에 있는데, 어머니가 병원에 입원하셨다는 연락을 받았다. 나는 형제가 없는 사람이라 걱정이 되어 병원으로 전화를 하였다. 병실에는 교회 장로님들이 나를 대신하여 아들 노릇을 해주고 계셨다. 군인 출신 장로님이 전화를 받으셨다. 전화를 받자마자 그 장로님은 나에게 이렇게 말씀하셨다.

"목사님, 교회 이상 무!"

조금 섭섭했다. 내가 없는데도 교회가 이상이 없다는 것이 왠지 섭섭했다. 그러나 나는 즉시 하나님이 옳았고, 안식년에 대한 나의 해석이 틀리지 않았다는 것을 알았다. 나는 예배당이 완공되는 날 귀국하였다. 그와 같은 안식년을 통하여 나는 내가 별로 대단한 사람이 아니라는 매우 중요한 교훈을 얻었다. 내가 없어도 교회는 얼마든지 잘될 수 있다는 것을 배웠다. 그리고 그런 교회가 정말 건강하고 훌륭한 교회라는 것을 배웠다.

하나님은 이스라엘 백성들에게 희년을 지키라고 말씀하셨다. 희년이란 안식년을 일곱 번 지키고 난 다음 해, 즉 다시 말해 50년째 되는 해를 의미하는데, 희년은 한 마디로 이야기하면 모든 것을 원점으로 돌리는 해를 의미한다.

하나님은 이스라엘 백성들에게 땅을 나누어주셨다. 그러나 50년을 사는 동안 어떤 사람의 땅은 점점 늘어났고 어떤 사람의 땅은 점점 줄어들었다. 자기에게 분배된 땅을 다 팔아 한 평의 땅도 가지지 못한 사람도 생기게 되었고, 심지어는 자기 몸까지 종으로 팔아 다른 사람의 종노릇을 하게 된 사람도 있었다.

하나님은 그 모든 것을 허락하셨다. 그런 면에서 볼 때 하나님은 사회주의자가 아니시다. 공산주의자가 아니시다. 모든 사람을 똑같이 살도록 하시는 분이 아니시다. 모든 사람을 똑같이 대해주는 것을 평등이라고 생각하는 사람들이 있는데, 엄밀히 생각해보면 그것은 불공평한 것이다. 나는 그런 면에서 사회주의적인 평등에 찬성하지 않는다. 나는 사람들이 모두 평등하다는 것은 믿는다. 그러나 모든 사람이 다 평등하기 때문에 무조건 모든 사람들을 언제나 평준화해야 한다는 데는 찬성하지 않는다. 나의 사견이지만 나는 우리나라의 학교 평준화는 평등이 아니라 불평등이라고 생각한다.

그러나 그렇다고 해서 하나님은 자본주의자도 아니시다. 하나님은 그와 같은 개인의 차를 인정하셨지만 무한정 인정하시지는 않으셨다. 뒤쳐진 사람들이 회복이 불가능하다고 절망하게 되면 그것이 앞서가는 사람에게도 문제가 되고 사회의 문제가 된다는 것을 하나님은 아셨다. 그래서 하나님은 50년이 되는 해에 그 모든 것을 원점으로 돌리게 하셨다.

내가 벌었다고, 다 내 돈이 아니다

희년이 되는 해에 모든 땅이 원 주인에게로 돌아가게 하신 것이다. 종도 자유를 얻어 다시 원 신분으로 돌아가게 하신 것이다. 희년은 가난한 자와 종 되었던 자에게 자유를 선포하는 해였던 것이다. 희년이 되면 사람은 모두 다시 평등하게 되었다. 모든 사람은 다시 희망을 갖고 새로운 삶을 시작할 수 있게 되었다. 나는 이 희년의 제도가 성경에 나오는 가장 근사한 제도라고 생각한다.

희년의 제도가 있는 곳에는 무한정한 빈익빈 부익부 현상이 없다. 그러나 그렇다고 해서 사회주의가 말하는 바와 같이(말과 실제는 다르지만) 모든 사람이 무조건 평등한 삶을 사는 것은 아니다. 개인 차에 따라 50년 동안은 가난한 사람도 였고 부한 사람도 있다. 그러나 그 가난과 부함은 운명으로 고착화되지 않았다. 50년이 되면 다시 모든 사람에게 균등한 기회가 주어지게 되는 것이다. 물론 땅이 아닌 다른 재산의 차이는 있지만 재산에 있어서 가장 중요한 몫을 차지하는 땅이 공평하게 된다는 것은 큰 의미가 있는 것이다.

희년은 이런저런 이유로 자신의 삶에 실패하고 뒤쳐진 사람들에게 자유와 새로운 희망을 의미하는 해였다. 아무리 힘들어도 저들에게는 희망이 있었다. 몇 년만 참고 견디면 새로운 기회가 주어진다는 것을 저들은 알았기 때문이다. 저들은 아무리 힘들어도 절망하지 않았다. 자신들의 삶을 포기하지 않았다. 사람들이 아무리 힘들어도 절망하지 않고 희망을 가지고 산다는 것은 개인적으로도 좋은 일이지만 사회적으로도 좋은 일이었다. 절망은 사회적 불안정을 가져오는 요인이 되므로 절망이 없어지면 사회적인 안정에

막대한 기여를 하게 된다.

지금 사회적으로 희년의 제도를 실시한다는 것은 불가능한 일이다. 그러나 하나님을 믿는 사람들만이라도 스스로 그와 같은 희년의 정신을 실천하는 일에 도전해볼 수는 있을 것이다. 그 방법 가운데 하나는 세상을 떠날 때 재산을 사회에 환원하는 것이다. 나는 성경의 50년을 그냥 보통 한 사람의 인생으로 해석하였다. 50년을 살고 재산을 다시 환원한다면 이런 저런 이유로 실패하고 뒤쳐진 사람들에게 다시 한 번 기회를 주는 일들이 일어날 수 있게 될 것이다. 한평생을 산 후 세상을 떠날 때 무조건 그것을 자손들에게 다 유산으로 남기지 말고 사회에 환원하는 것이 옳지 않겠는가 하는 생각을 해본다.

얼마 전 신문을 보니 어느 큰 기업의 회장이 세상을 떠나면서 가족들에게 유산으로 물려주게 되었는데, 그의 재산이 3천억 원이 넘었지만, 가족들은 정직하게 그것을 신고한 후 자진해서 1,300억 원이 넘는 상속세를 현찰로 내기로 했다는 내용이 담겨 있었다. 이제까지 상속세 납부자 가운데 1등이라는 이야기였다.

그 회장이 우리나라 1등 부자는 아니다. 그런데 그 가족들이 납부한 상속세가 1등이라는 것은 그가 적어도 우리나라에서는 1등으로 정직한 부자라는 뜻으로 해석할 수도 있을 것이다. 그는 결국 재산의 3분의 1을 상속세로 사회에 환원한 것이다. 그런 의미에서 나는 상속세만 정직하게 내어도 희년의 정신을 실천하는 것이라고 생각한다.

내가 벌었다고, 다 내 돈이 아니다

1,300억 원이 넘는 상속세를 납부했지만 그래도 저들은 여전히 부자다. 나는 저들이 부자로 살 자격이 있다고 생각한다. 아직도 2천억 원이나 가지고 있는데 하며 곱지 않은 시선을 보내는 사람이 있다면 나는 그 사람이 옳지 않다고 생각한다.

나는 얼마 전 자녀들에게 내 재산을 공개하였다. 나는 희년의 정신을 실천하는 의미에서 재산의 절반을 하나님께 드리겠다고 아이들에게 선포하였다. 그리고 재산의 절반을 셋으로 나누어 아이들에게 유산으로 주겠다고 이야기하였다. 감사하게도 그에 대하여 이의를 제기하는 아이들이 없었다. 나는 하나님을 믿는 사람으로서 재산의 절반을 하나님과 세상을 위하여 바치고 싶다. 작은 돈이지만 그것이 세상에서 기회를 잃은 사람들에게 다시 기회를 주는 겨자 씨 같은 작은 씨앗이 되었으면 좋겠다.

나는 무조건 모든 재산을 자녀들에게 유산으로 남겨주려고 하는 것에 대하여 찬성하지 않는다. 그것은 하나님의 식이 아니고, 하나님의 식과 정신이 아닌 것은 나와 자식들에게 절대로 유익하지 못하기 때문이다.

그러나 나는 재산을 한 푼도 자녀들에게 유산으로 남겨주지 않는 것에 대해서도 찬성하지 않는다. 희년 때 모든 땅을 다시 돌려주지만 하나님이 본래 자기와 자기 가문에 주셨던 원 땅은 가지고 있다가 그것을 자식들에게 물려주는 것이기 때문이다. 모든 재산을 자녀에게만 유산으로 남겨주는 것도 좋지 않고, 그렇다고 자녀들에게는 재산을 남겨주지 않는 것도 옳지 못하다.

행복한 부자를 위한 5가지 원칙

유산의 몫을 자녀들에게만 한정하지 말고 하나님과 사회에도 떼어줄 수 있는 사람이 되면 좋겠다. 나는 그것이 하나님의 식이라고 생각한다. 부족하지만 안식일과 안식년과 희년의 정신을 실천하며 사는 사람이 되면 좋겠다. 한번 도전해 보실 수 있기를 바란다.

내가 벌었다고, 다 내 돈이 아니다

# 돈으로 자녀에게 인생을 가르쳐라

강남구 대치동에 A라고 하는 아파트가 있다. 아주 평범하게 지은 아파트로서 약 15년 전 영락교회에서는 35평형 아파트를 사서 부목사의 사택으로 사용했다. 그때 내 기억으로 아파트 가격이 약 7,000만 원 정도였던 것으로 생각된다. 그런데 요즘 그 아파트의 가격이 그 10배 정도 되는 것 같다. 상상을 초월할 만큼 아파트 값이 상승한 것이다.

그곳의 아파트가 그렇게 상식을 넘어서는 가격으로 매매가 되는 단 하나의 이유는 그곳에 유명한 학원들이 많기 때문이란다. 예전에는 몇 학군이니 하며 좋은 학교가 있는 지역의 집값이 비싸더니 요즘은 학원 때문에 집값이 오르는 현상이 일어나고 있다.

재미있는 것은 우리나라 학부모들의 이런 열성은 이민을 가서도 마찬가지여서 좋은 학교가 있는 곳의 땅값과 아파트 값을 올려놓는 데 지대한 공을 세우고들 있다는 것이다. 우리나라의 교육열은 자타가 공인하듯 세계의 그 어느 나라도 따라오기 힘들 만큼 대단하다.

그러나 지금 우리들이 하고 있는 일을 과연 엄밀한 의미에서 교육이라고 할 수 있을까? 나는 교육과 훈련이란 단어를 좀 구별하는 것이 필요하다고 생각한다. 물론 넓은 의미에서는 훈련도 교육의 범주에 들어간다고 할 수 있다. 그러나 정말 우리 아이들에게 필요한 교육을 생각한다면 훈련과 교육을 구별하여 생각하는 것이 필요하다.

우리 아이들의 인생과 앞날을 위해 좋은 훈련도 필요하지만 무엇보다 좋은 교육이 필요하기 때문이다. 그냥 훈련을 교육으로만 생각하다 보면 좋은 훈련을 시켰는데 정작 더 중요한 좋은 교육은 아이들에게 시키지 못하는 경우가 얼마든지 생길 수 있기 때문이다. 지금 우리나라의 가장 보편적인 문제가 나는 여기에 있다고 생각한다.

나는 아이들에게 영어와 수학을 가르치는 일이 중요하다고 생각한다. 그러나 과연 엄밀한 의미에서 영어와 수학을 교육이라고 할 수 있을까? 넓은 의미에서는 영어 교육 혹은 수학 교육을 이야기할 수 있지만 엄밀하게 이야기하자면 영어와 수학은 훈련이지 교육이 아니다. 영어 훈련과 수학 훈련이라는 표현을 쓰는 것이 더 정확하다.

훈련과 교육을 어떻게 구별하면 정확할까? 훈련은 사람을 유능한 사람으로 키우기 위한 것이다. 나는 사람이 유능해지기 위해 훈련받는 일이 매우 중요하다고 생각한다. 한편 교육은 사람을 유능한 사람 이전에 좋은 인격과 성품을 가진 사람으로 키우는 것이라고 생각한다. 자녀를 훌륭한 인격과 성품을 가진 인간으로 키우는 일은 자녀를 유능한 사람으로 키우는 것과는 비교도 되지 않을 만큼 중요한 것이다.

옛날 우리 부모들은 자식인 우리들에게 교육을 시키려고 애쓰셨다. 사람의 도리와 예의를 가르치셨다. 정직함과 부지런함, 그리고 겸손함과 같은 것을 무엇보다 먼저 가르치셨다.

옛날의 공교육은 서당에서 주로 이루어졌는데, 서당에서는 천자문과 명심보감과 같은 것들을 가르쳤고, 그것은 모두 다 사람의 도리를 가르치는 것들이었다. 옛날 서당은 훈련 기관이 아니라 그야말로 교육 기관이었다. 서당은 오늘날 학교나 학원과 같이 유능한 인간을 훈련시키는 일을 거의 하지 못했다. 그러나 옛날 서당은 오늘날 학교와 학원은 전혀 생각도 하지 못하는 중요한 교육을 해내고 있었다.

훈련이 발전하면서 과학이 발전하고 경제가 발전하여 예전과는 비교도 되지 않을 만큼 세상이 발전하였다. 부유해졌고 편리해졌다. 사람들은 단순히 그것만 보고 잘살게 되었다고 이야기한다. 그러나 과연 이렇게 사는 것이 잘사는 것일까? 과연 우리들은 옛날보다 더 잘살고 있는 것일까? 더 행복하게 살고 있는 것일까? 나는 아니라고 생각한다.

과학도 중요하고 경제도 중요하지만 무엇보다도 중요한 것은 인간이다. 인격적으로 안정되지 못하고 사람의 도리를 알지 못하는 사람이 유능해지면 세상은 상상을 할 수 없을 만큼 위험해진다. 우리는 그것을 이미 경험하고 있다. 세상은 지금 한시도 편안하지 못하다. 테러와 폭력과 살인과 전쟁의 소문이 한시도 그치지 않고 우리를 불안케 한다.

인간은 말도 못할 훈련을 통하여 말도 못하게 유능해지고 있지만, 전혀 교육받지 못함으로 인하여 말도 못하게 비인간화되어가고 있다. '유능한 비인간'의 양산은 재앙이다. 우리는 지금 그와 같은 재앙을 양산해내고 있는 것이다.

사람을 훈련시키기 이전에 먼저 교육시켜야 한다. 훈련이 교육을 앞서면 안 된다. 언제나 교육이 훈련을 앞서야 한다. 먼저 해야 하고 많이 해야 한다.

자녀에게 영어를 가르치기 이전에, 수학을 가르치기 이전에 인생을 가르쳐야만 한다. 엄청난 집값을 치르고 대치동으로 이사를 가기 이전에, 엄청난 학원비를 지불하며 훈련시키기 이전에, 마땅히 행할 바 인생의 도리를 아이에게 가르쳐야만 한다. 교육 없는 훈련은 자식을 망치는 일이며 세상을 망치는 일이라는 사실을 알아야 한다.

훈련에 있어서는 학교와 학원의 교사가 우리 부모보다 더 유능할 수 있다. 그러므로 좋은 훈련은 학교와 학원에 맡기면 된다. 그러나 교육은 부모가 가장 좋은 교사가 될 수 있다. 자녀에게 인생을 가르칠 수 있는 가장 좋은 교사는 부모다. 부모는 자녀에게 인생을 가르칠 수 있는 좋은 교사가 되어야만 한다.

그러나 불행하게도 요즘 우리 부모들은 아이들에게 좋은 훈련을

내가 벌었다고, 다 내 돈이 아니다

시키기 위하여 등록금과 수업료를 벌어다 대는 기계(?)로 전락하고 말았다. 돈을 많이 벌어 아이들을 좋은 학교와 좋은 학원에 보내면 그것으로 좋은 부모 노릇을 다한 것으로 착각하고 만다. 교사로서의 부모 역할을 상실하게 됨으로써 부모들의 삶이 무너지고, 망가지게 되었다. 돈만 아는 망가진 부모는 아이들에게 비교육적인 존재가 되어 아이들은 자기 부모를 존경하지 않게 되었다.

그리고 삶을 본받을 인생의 모델이 없으므로 아이들도 자기 소견에 좋은 대로 아무렇게나 막살게 되고 말았다.

자녀에게 인생을 가르치는 부모가 되어야 한다. 삶의 도리를 가르치고, 예의를 가르치고, 정직을 가르치고, 겸손을 가르치는 부모가 되어야 한다. 그래야 자녀들이 진정으로 잘사는 사람이 될 수 있는 것이다.

자녀에게 인생을 가르치려고 할 때 가장 좋은 교재가 무엇일까? 나는 그것을 돈이라고 생각한다. 나는 돈이 인생이라고 생각한다. 돈이 전부라는 이야기가 아니다. 돈을 보면 사람이 보인다. 돈에 대하여 어떤 생각과 철학을 가지고 있는가? 그리고 실제로 돈을 어떻게 벌고 어떻게 사용하고 있는지를 보면 그의 인생을 알 수 있고 사람됨을 알 수 있다.

사랑하는 자녀에게 돈을 가르치는 부모가 되어야 한다. 도대체 돈이 무엇인지, 그 중요성과 한계성은 무엇이며, 어떻게 벌고 어떻게 써야만 하는지를 자녀에게 가르치는 부모가 되어야 한다. 아이 셋을 키우면서 무엇보다도 돈에 대하여 가르치려고 노력하였다. 부족하지만 돈에 대하여 아이들을 가르치는 아비가 되기 위하여 끊임없이 노력하였다.

돈에 대한 욕심 때문에 쉽지 않았지만, 돈에 대하여 자식에게 큰 부끄러움이 없는 아비가 되기 위하여, 그리하여 자식에게 돈으로 인생을 가르칠 수 있는 부모가 되기 위하여 노력하였다. 이익이 되는 일이라도 아이에게 본이 되지 않는 일은 하지 않으려고 했다. 재정적으로 손해를 보는 일이라도 아이에게 본이 되는 일이라면 하려고 노력하였다. 나에게는 돈보다 자식이 더 귀했기 때문이다.

나는 금전출납부를 기록한다. 언제 어디서 얼마만큼의 돈이 들어왔는지, 어디에 얼마를 어떻게 왜 썼는지, 그리고 지금 현재 얼마만큼의 돈이 남아 있는지를 기록한다. 수입과 지출과 저축을 자식에게 공개한 후 그것에 대하여 부끄러움이 없게 하기 위하여 조심한다. 자식에게 밝힐 수 없는 수입과 지출과 지나친 저축이 없도록 조심한다.

나는 나의 금전출납부 맨 앞장에 이렇게 써놓았다. "사랑하는 아들 부열, 지열, 정열이에게 / 돈에 대하여 큰 부끄러움이 없는 아비가 되기 위하여 남기는 기록".

나는 그 금전출납부를 아이들에게 유산으로 남기고 싶다. 금전출납부를 아이들에게 유산으로 남길 수 있을 만큼의 삶을 살고 싶다. 나는 자식들에게 그냥 혈연으로서의 아비뿐만 아니라 좋은 인생의 교사가 되고 싶다. 자녀들에게 인정받고 싶고 존경받고 싶다. 나는 사랑하는 내 자식으로부터 '내 인생의 최고 교사는 내 아버

197
내가 벌었다고, 다 내 돈이 아니다

지이셨습니다.'라는 말을 듣고 싶다.

자식에게 인생을 가르치는 부모가 되자. 돈으로 자식에게 인생을 가르치는 부모가 되자.

# 노블리스 오블리제 정신을 실천하라

나는 목회자이지만 목회 못지않게 가정을 중히 여겼다. 가정에서도 자녀를 가르치고 양육하는 일을 중히 여겼다. 잘못하면 남들에게 오해를 받을 수 있는 이야기지만 아이 셋만 제대로 가르치고 키울 수 있다면 50퍼센트는 남는 장사라고 생각했다. 두 사람이 결혼하여 세 아이를 반듯한 사람으로 키워낸다면 그것은 참으로 훌륭한 일이라고 생각하였다.

아이 셋을 키우면서 가장 열심히 가르치려고 하였던 것 가운데 하나는 '돈'이었다. 짧은 삶의 경험을 통하여 나는 그래도 돈이 가장 정직하다는 생각을 하게 되었다. 돈에 대하여 반듯한 사람이 될 수 있다면 모든 면에서 반듯한 사람이 될 수 있다고 생각을 하였기 때문에 아이들에게 무엇보다도 돈에 대하여 반듯한 사람이 되게 하기 위한 교육을 많이 하였다.

돈에 대한 교육 가운데서도 가장 핵심적으로 한 교육이 있다면 그것은 노블리스 오블리제의 정신과 그 정신의 실천이었다. 그리고 나 자신도 하나님을 믿는 믿음의 삶을 가장 구체적으로 실천하

내가 벌었다고, 다 내 돈이 아니다

는 일 가운데 하나로 노블리스 오블리제의 실천을 정하고 그 삶을 살려고 부족하지만 노력하였고, 지금도 노력하고 있다. 노블리스 오블리제란 아다시피 갖지 못한 자들에 대한 가진 자의 도리와 책임을 의미한다.

아이들이 아주 어릴 때부터 가르치고 실천하게 했던 몇 가지 일들을 소개해보겠다. 부디 자기 자랑으로는 받아들이지 않았으면 좋겠다.

### 길거리에서 걸인을 보거든 그냥 지나치지 말거라.

노블리스 오블리제의 첫 실천으로 내가 아이들에게 가르친 것은 길거리에서 걸인을 보거든 그냥 지나치지 말고 100원이라도(우리 아이들이 어렸을 때 100원 정도면 걸인에게 주어 미안하지 않은 돈이었다) 꼭 주라는 것이었다.

만일 100원짜리가 없으면 1,000원이라도 주라고 하였다. 걸인에게 1,000원을 주면 아빠가 꼭 갚아주마 약속도 했다. 그러나 "네 생각에 1,000원이 좀 많다 싶으면, 가게에 가서 껌 하나를 사서 잔돈을 바꾼 후 다시 걸인에게 돌아가 100원을 주고 껌도 하나 드리고 오너라"라고 아이들에게 일러주었다. 나는 아이들에게 우리는 그렇게 살아야 할 의무가 있다는 것을 가르쳐주었다.

### 돈 잘 쓰기 운동

1985년 승동교회에서 목회를 할 때였다. 출석 교인은 200명, 1년 예산이 7천만 원 정도였다. 1984년 6월에 갈등과 다툼으로 분열된 교회에 부임하여 하나님의 은혜로 그나마 잘 수습하고 결산을 해보니 결산액이 약 4천여만 원 정도가 되었다. 겨우 4천여만 원 정도를 결산한 교회가 다음 해 예산을 7천만 원으로 정한 것이다. 그때부터 지금까지 나는 예산을 안전하게 잡기보다는 공격적으로 잡는 것을 좋아한다. 해야 할 일이 너무 많기 때문이다.

장로님들은 무척이나 부담스러워 하셨지만 열심히 노력해보자며 동의해주셨다. 지난해에 비해 거의 80퍼센트 정도를 인상한 예산을 세운 후 나는 연말 당회에 엉뚱한 안을 또 내어놓았다. 그것은 '돈 잘 쓰기 운동'이라는 것이다. 즉 교인들로 하여금 매달 구제 헌금을 하게 하여 어려운 이웃들 돕자는 것이었다. 그리고 그 규모를 1년에 약 천만 원 정도 잡자고 제안하였다.

80퍼센트 가까운 확대 예산을 세운 후 또 천만 원 정도의 예산을 세우자는 말에 장로님들은 불가능하다는 의견을 보였고, 그렇게 무리하게 하면 본 예산에 영향을 줄 것이라며 반대하셨다. 그럼에도 불구하고 나는 고집(?)을 부려 결국 원안대로 결정을 하였다.

그리고 교인들에게 '돈 잘 쓰기 운동'을 제안하였다. 간단하게 설명하면 일주일에 점심 한 그릇 값이라도 절약하여 그 돈을 모아 가난한 이웃들을 돕자는 것이었다. 부담스러워할 줄 알았던 교인들이 그 안을 좋게 받아들였다. 월 회비를 작정케 하고 보니 매달 100여만 원 정도의 회비가 작정되었다. 그래서 매달 100만 원을 맹인 개안 수술을 전문으로 하는 실로암 병원에 수술비로 전달했다. 1985

년 말 결산을 해보니 결산이 8천만 원을 넘었다. 예산을 초과하여 달성한 것이다. 돈 잘 쓰기 운동으로 모은 1,200여만 원까지 합해보니 거의 1억에 가까운 돈을 결산한 셈이 되었다. 지난해에 비하면 250퍼센트 성장한 셈이었다. 돈 잘 쓰기 운동을 하기 때문에 교인들이 낸 돈만큼 예산에서 준 것이 아니라 꼭 그만큼 예산에서 늘어나 있었던 것이다. 나는 그 후로도 하나님이 기뻐하시는 일에 돈을 쓰는 만큼 돈이 늘어난다는 것을 여러 번 경험하게 되었다.

아이들에게도 '돈 잘 쓰기 운동' 회원이 될 것을 권면하였다. 아이들이 동의하고 세 아이 모두 한 달에 500원씩의 회비를 작정하였다. 단 그 돈은 자신들이 벌어야 한다는 조건을 달았다.

큰아이는 한 달 동안 이불을 바닥에 깔 테니 500원을 달라 하였다. 이불이 무거워 개는 것은 어렵지만 이불장에 있는 이불을 끌어내려 까는 것은 자기도 할 수 있으니 그것을 하겠다는 것이었다. 큰아이는 이불 까는 일을 하며 번 돈으로 돈 잘 쓰기 운동 회원이 되었다.

둘째 아이는 집에 손님이 오셨을 때 신발을 정리할 테니 500원을 달라 하였다. 결국 둘째 아이는 신발 정리를 하고 번 돈으로 돈 잘 쓰기 운동 회원이 되었다. 돈 잘 쓰기 운동을 시작할 때 막내는 세 돌이 채 되지 않았을 때였다. 뒷짐까지 지고 서성거리며 고민하는 모습이 아직도 기억이 생생하다. 한참을 고민하다 우리 막내가 내어놓은 안은 "빈 방에 켜진 불을 끌 테니 500원 주세요"였다. 결국 막내는 빈 방에 불 끄는 일을 하고 돈 잘 쓰기 운동 회원이 되었다.

## 이삭줍기 운동

1989년도라고 기억이 된다. 아이들을 위해 50만 원을 주고 컴퓨터 한 대를 구입했다. 늘 가난하게 살았던 나는 아이들에게 50만 원짜리 컴퓨터를 사줄 수 있는 아버지가 되었다는 사실 때문에 무척 기뻤다. 그러나 그날 저녁 텔레비전 뉴스를 보다가 쇼크를 받게 되었다. 천호동에 사는 일가족 네 명이 집세 올려줄 돈 50만 원이 없어서 그것을 비관하여 자살했다는 것이다. 저들이 비관하여 자살한 돈의 액수가 50만 원이라는 것 때문에 마음이 편치 않았다. '어느 집은 아이들 컴퓨터 한 대 값에 불과한데, 어느 집은 그 돈이 없어서 천하보다 귀한 생명 넷이 자살을 하다니' 하는 생각 때문에 몹시도 힘들고 고통스러웠다.

그때 내 마음에 떠오른 성경 구절 하나가 있었다. 그것은 레위기 19장에 있는 말씀으로 추수할 때에 네 귀퉁이를 남기라는 말씀이었다. 자기 밭이라고 해서 구석까지 다 추수하지 말고 가난한 자들을 위해 네 귀퉁이를 남겨두라는 것이 하나님의 명령이었다. 그리고 추수하여 들고 가다가 떨어트린 곡식단도 줍지 말라는 것이다. 이스라엘 백성들은 하나님의 그 말씀에 철저하게 순종하였다. 때문에 아무리 가난한 자라고 하여도 굶어 죽는 일이 일어나지 않게 되었던 것이다.

꿀병을 담았던 오동나무 상자를 저금통처럼 만들고, 노란 종이를 예쁘게 붙인 후 그 위에 '이삭줍기'라고 썼다. 아이들이 궁금하여 그것이 무엇이냐고 물었다. 천호동 일가족의 자살 사건을 이야기해준

내가 벌었다고, 다 내 돈이 아니다

다음 레위기 19장의 말씀을 설명해주었다. 그리고 앞으로 우리도 네 귀퉁이와 떨어진 이삭의 몫을 이곳에 넣어 매달 가난한 이웃들을 위하여 쓰자고 했다. 그리고 상자 앞면에 메모지 하나를 붙여 놓고 누구든지 이 통에 돈을 넣는 사람은 이름과 액수, 그리고 사연을 적으라고 가르쳤다.

큰 아이가 제일 먼저 돈을 넣었다. 그리고 사연을 적었다. 평생 잊을 수 없는 기막힌(?) 사연이었다.

김부열　　120원　방바닥에서 주운 돈

그때부터 지금까지 우리 식구는 모두 이삭줍기를 한다. 아이들도 용돈을 받든, 일을 해서 월급을 받든 30분의 1을 이삭줍기로 드린다.

영락교회에서 시무할 때 고등부 아이들에게 '이삭줍기'에 대한 설교를 하였다. 아이들이 그 설교를 듣고 '이삭줍기 운동'을 시작하였다. 매달 첫 주일을 이삭줍기 헌금을 하는 주일로 정하고 한 달 동안 모은 이삭들을 헌금하곤 하였다. 봉투에 이삭의 사연들을 적곤 하였는데 나는 아직도 그 첫 사연들을 잊지 못한다.

팥빙수 먹고 싶었는데　　　　　　300원
칼국수 대신 사발면　　　　　　　800원 - 300원 = 500원
조금 후진 독서실 등록하고　　　　4,000원

동안교회 담임목사가 되어서는 이 이삭줍기 운동을 전교회적으로 실시했다. 그 결과 1년에 약 1억 원 정도의 헌금이 모여 그 돈으로 지역 사회의 어려운 이웃들을 섬길 수 있었다. 구약 성경에 보니 3년에 한 번씩 하는 십일조가 또 있었다. 그 돈은 주로 가난한 이웃들을 위한 것이었다. 3년에 한 번씩 하는 십일조였음으로 계산해 보니 30분의 1조였고 그것은 한 달의 하루 몫에 해당하는 것이었다. 그래서 이삭줍기의 기준을 한 달 수입의 하루 몫으로 정해보자고 교인들에게 설교하였다.

최소한 사람이 사람답게 살려면 한 달 내내 자기 자신만을 위하여 사는 것이 아니라 그래도 한 달에 하루 정도는 자기 아닌 남을 위하여 살 줄 알아야 한다는 생각을 하게 되었다. 그와 같은 설교를 한 후 평생 잊을 수 없는 헌금을 받게 되었다. 할머니 한 분이 1만 1천 원의 이삭줍기 헌금을 내셨다. 봉투에 적힌 사연은 내가 평생 잊을 수 없는 감동적인 사연이었다.

하루 일당이 1만 1천원인 할머니가 그 하루 일당을 이삭줍기로 내신 것이다. 한 달 내내 일을 해봐야 주일 빼고 고작 30만 원도 벌지 못하는 가난한 할머니가 한 달의 하루를 자신이 아닌 다른 사람을 위하여 일을 하신 것이다.

다음 달 그 할머니는 이삭줍기 헌금으로 1만 3천원을 내셨다. 나는 일당이 오른 줄 알았다. 그러나 사연을 보니 그것이 아니었다.그날은 잔업을 하여 잔업 수당까지 1만 3천원을 받으셨던 것이다. 할머니는 한 달의 어느 날을 정해놓고 무조건 그날 몫의 돈은 이삭줍기로 드리기로 하셨던 것이다. 하루 일당 1만 1천 원을 받으시는 가난한 할머니의 노블리스 오블리제였던 것이다.

### 지출 누진표

미국에서 목회를 하고 있는 후배 목사로부터 미국의 예수 잘 믿는 청년들이 청년 때 하는 일 하나가 있다는 것을 듣게 되었다. 그것은 '누진 십일조 서원'이라는 것이었다. 청년 때 하나님께 십일조 서원을 하는데 대개 다음과 같은 식으로 한다는 것이다.

연수입 10만 달러까지 10분의 1, 연수입 10만 달러에서 15만 달러까지 10분의 1.5, 연수입 15만 달러에서 20만 달러까지 10분의 2······ 이런 식으로 10분의 9까지 서원을 한다는 것이다. 그리고 많은 청년들이 그 서원을 지킨다고 했다.

귀국하여 제일 먼저 문방구에 가서 금전출납부를 구입하였다. 그리고 나름대로의 누진표를 작성하였다. 개인을 위하여 한 달에 어느 정도의 돈이 필요한지를 생각한 후 그것을 감안하여 누진표를 작성하였다. 한 달 수입이 얼마면 몇 퍼센트를 내겠다는 표인 셈이다.

나는 목사치고는 수입이 많은 편이다. 인세로 들어오는 수입도 적지 않고, 이곳저곳에서 받는 강사비도 적지 않기 때문이다. 나는 매일 매일의 수입을 장부에 기록한다. 그리고 월말에 합산하여 얼마를 지출하여야 하는지를 계산한다. 한꺼번에 지출하는 것이 힘들어서 상당 부분은 은행에서 자동이체로 빠져나가게 해놓고 나머지 부분만 정산한다. 아직까지도 훈련이 잘되지 않아 힘들지만 다행히 아직까지 그 약속을 어기지 아니하였다.

2003년에 나는 정확히 수입의 45.44퍼센트를 헌금과 구제와 선교의 명목으로 지출하였다. 2004년 역시 득으로만 계산하면 많은 수입이 있었지만, 나는 그 돈을 다 가지지 않으려고 부족하나마 열심히 노력하였다. 자꾸 내게 머물러 흐르지 않으려 하는 돈을 강제로 흘려보낸 것이다.

이상하게 들릴지 모르겠으나, 돈을 자꾸 밖으로 흘려보내려고 하는 만큼 거꾸로 돈이 자꾸 내 안으로 흘러들어왔다. 나는 그것을 우연이라고 생각하지 않는다. 작년 한 해를 보면, 인세 수입이 수입 가운데 제일 많았다. 나는 주로 규장이라고 하는 기독교 출판사에서 책을 출판한다. 그러나 기독교 출판사만이 아닌 일반 출판사에서도 책을 내는 것이 선교적인 의미에서 좋다는 판단이 들어 한언이라고 하는 출판사에서도 책을 한 권 출판하였다.

규장과 한언은 인세를 지급하는 조건이 좀 다르다. 인세율은 같은데 규장은 매달, 매달 정확히 계산해서 거의 같은 날 정확하게 인세를 통장으로 넣어준다. 그러나 한언은 1년에 한 번 계산하여 한꺼번에 넣어준다. 어느 날 한언 출판사로부터 인세가 들어왔다. 1년치가 한꺼번에 들어오니까 제법 적지 않은 돈이 들어오게 되었다. 그때 나는 그것이 참 난감한 일이라는 것을 알게 되었다. 나는 매달 지출의 누진을 걸어놓았기 때문에 수입이 많아지면 누진이 걸리기 때문이었다. 한언의 1년치 인세 수입은 결과적으로 그 달 엄청난 누진

내가 벌었다고, 다 내 돈이 아니다

에 걸리게 하였고 누진율을 적용하여 그 달 지출을 계산해보니 한언의 1년치 인세 수입이 모두 날아가는 셈이 되었다. 인간적으로 허무하다는 생각이 들었다.

얼마 전에는 또 다른 출판사와 출판 계약을 맺게 되었다(지금 이 책이 바로 그 계약에 의해 씌어진 것이다). 이 출판사도 한언과 마찬가지로 인세를 한꺼번에 계산해주는 회사다. 계약서에 사인을 하면서 인세를 규장과 같이 매달 계산하여 달라는 조항을 넣고 싶었다. 내가 이야기했으면 아마 들어주었을 것이다. 적지 않은 선인세까지 배려해준 마당에 이 정도 요구는 아마 들어주었을 것이다.

하지만 인세를 매달 계산하여 달라는 소리가 목구멍까지 나오는 것을 참고 그냥 계약서에 사인을 했다. 올해 말쯤 인세를 받게 되면 나는 또 작년이나 재작년처럼 허무해질지 모른다. 인세가 나오는 달 내 장부는 '빛 좋은 개살구'(?)가 될 것이 뻔하기 때문이다.

# 오른손이 한 일을 왼손이 모르게 하라

나는 부족하나마, 노블리스 오블리제의 삶을 실천하기 위해 최종 목표로 삼고 있는 것이 하나 남아 있다. 그것은 구약 성경의 희년 정신을 실천하는 것이다.

성경에 의하면 땅은 영원한 개인 소유의 개념이 아니다. 하나님은 이스라엘 백성들에게 가나안 땅을 분배했다. 개인의 몫으로 분배해주신 땅만을 생각하면 토지의 개인 소유를 하나님이 인정하신 것처럼 보인다. 물론 그것을 토지의 개인 소유라고 이야기할 수도 있다. 그런데 아주 재미있는 것은 하나님이 허락해주신 분배 몫을 50년 이상 소유하는 것을 금지하는 제도를 만드셨다는 것이다. 하나님의 지혜가 돋보이는 제도 가운데 하나라고 나는 생각한다.

하나님은 공평하게 이스라엘 백성 모두에게 땅을 분배해주셨지만, 사람들의 개인적인 차이 때문에 세월이 흘러가는 동안 어떤 사람의 땅은 점점 커지고 어떤 사람의 땅은 점점 작아지게 되었다. 하나님은 처음부터 그것을 막지 않으셨다. 나는 이를 통해 기독교의 정신은 개인적인 부를 금하는 종교가 아니라는 것을 알게 되었

내가 벌었다고, 다 내 돈이 아니다

다. 그러므로 처음부터 개인의 사적인 재산을 부정하는 사회주의는 우리 기독교의 철학이 아니라는 점을 알게 되었다. 그러나 그렇다고 해서 기독교가 자본주의 철학과 같은 것도 아니다. 기독교의 철학은 사회주의 같아 보이면서도 자본주의적인 면이 있고, 자본주의적인 것 같아 보이면서도 사회주의적인 면이 있다. 그러므로 어느 한쪽을 가지고 기독교 철학과 비슷하다고 주장하는 일은 옳지 않다.

그러나 하나님은 그와 같은 토지의 개인화를 끝까지 내버려두지 않으셨다. 50년마다 희년을 선포하셨는데, 그 희년이 되면 하나님이 이스라엘 백성들에게 땅을 골고루 분배하였던 그 원점으로 다시 돌아가야만 한다. 그리고 다시 50년의 게임을 시작해야만 한다. 희년이 되면 부자들은 땅을 사들였던 사람에게 다시 그 땅을 돌려주어야만 한다.

그러므로 이스라엘 백성들은 땅을 사고 팔 때 엄밀히 이야기해서 영원한 소유권을 매매하는 것이 아니었다. 희년까지 남아 있는 땅의 사용권을 매매하는 것이었다. 분명 땅에 대한 소유권은 있다. 하나님이 내 몫으로 분배해주신 것은 내 소유의 땅이라고 할 수 있다. 본래는 다 하나님의 것이지만 하나님이 내 몫으로 허락해주신 것이기 때문에 그렇게 이야기해도 문제가 없다고 나는 생각한다.

그런데 그 소유권은 누구에게도 판매할 수 없다. 그리고 그 누구도 살 수 없다. 다만 희년이 될 때까지 빌려줄 수 있을 뿐이다. 희년이 되기까지 개인의 차이에 따라(그것이 능력의 문제든, 성실함의 문제든) 빈부의 차이가 있을 수 있다. 그러나 하나님의 식에 의하면 그것이 영원히 계속되지 않으며 자녀들에게 세습되지 않는다.

희년이 되면 그 모든 것이 다시 원점에서 시작되기 때문이다. 나는 개인적으로 이 희년의 제도가 참 하나님적인 시스템이라고 생각하고 있다. 살다 보면 가난해질 수도 있고 부유해질 수도 있다. 나는 그래야 공평한 세상이라고 생각한다. 최선을 다하여 성실하게 사는 사람의 삶이나 그렇지 못하는 사람의 삶이 다 똑같다면 개인과 세상은 절대로 발전하지 못할 것이기 때문이다. 그리고 그와 같은 사실은 이미 사회주의에서 검증이 되었다. 사회주의 국가가 하나같이 가난하고 결국 파멸하게 된 이유가 바로 여기에 있다고 나는 생각한다.

자본주의는 개인의 소유를 인정한다는 면에서 사회주의보다 낫다. 그와 같은 인정 때문에 사람은 끊임없이 발전하기 위하여 노력하고 세상은 점점 풍요로워지는 것이다. 그런데 자본주의의 치명적인 문제는 그와 같은 개인차가 점점 운명이 된다는 것이다. 살다 보면 누구나 한두 번 실수할 수 있는데 그 실수가 치명적이 되어 도저히 회복할 수 없는 운명이 되고, 더 절망적인 것은 그 운명이 대부분 자녀들에게 세습된다는 것이다.

그와 같은 세상 속에서 사람들은 점점 희망을 잃고 절망하게 되며 그와 같은 절망은 개인적, 사회적인 발전을 결국 저해하는 요인이 된다. 그것은 사회주의의 구조적 발전 저해 요인 못지않게 크고 강한 것이다. 그것은 단순히 발전 저해 요인으로 끝나지 않는다.

내가 벌었다고, 다 내 돈이 아니다

그것은 절망적인 사회계습을 형성하게 되고 그 계급 간의 갈등과 투쟁이 심하게 되면 결국 혁명이 일어나 모든 것이 다 무(無)로 돌아가게 되기 때문이다.

사회주의와 자본주의의 이 같은 구조적인 문제를 해결하는 방법이 바로 이 희년 정신이라고 할 수 있다. 그래서 나는 쉽지 않겠지만 개인적으로 이 희년의 삶을 실천해보려고 한다. 나는 희년의 삶을 실천하기 위하여 내가 소유한 모든 것을 다 자녀들에게 유산으로 넘겨주면 안 된다는 것을 알게 되었다. 50년은 몰라도, 한세상 살다가 하나님께 돌아갈 때는 우리들이 이 세상에서 살아가도록 하기 위하여 하나님이 허락해주신 분량의 몫만 남기고 다시 세상으로 환원시키는 일을 한다면, 다시 말해서 '유산 안 남기기 운동'을 한다면 그것이 불완전하기는 하지만 이 시대에 일종의 희년 운동이 되겠다는 생각을 하게 되었다.

그런데 내가 실천하려고 하는 유산 안 남기기 운동은 그 동안 보통 사람들이 주장해온 유산 안 남기기 운동과는 좀 다르다. 극단적인 유산 안 남기기 운동은 원칙적으로 한 푼도 자녀들에게 물려주지 않는다는 것이다. 물론 그런 극단적인 유산 안 남기기를 실천하는 사람을 나는 거의 본 적이 없다. 그러나 중요한 것은 그것이 성경이 이야기하는 식도 아니라는 것이다.

하나님은 적어도 이 세상에서 살아가기 위하여 필요한 몫을 인정해주셨다. 물론 요즘 세상에 그 몫이 과연 얼마인지, 또는 어느 정도인지를 정확히 말하기는 어렵지만 분명한 것은 그 몫이 있다는 것이다.

그러므로 나는 자녀들에게 그 자녀의 몫은 최소한 주어야 한다고 생각한다. 그것까지 인정하지 아니하는 유산 안 남기기 운동은 성경적인 원리에서 벗어난 극단적인 운동이라고 생각한다.

이런저런 고민을 하다가 나는 다음과 같은 기준을 정해보았다. 우선 내가 가지고 있는 모든 재산을 식구들의 수로 나눈다. 여기서 중요한 것은 그와 같은 셈을 할 때 하나님을 식구의 수에 넣어드린다는 것이다. 우리 집 식구는 모두 여섯이다. 우리 부부, 어머니, 아들 삼 형제. 그런데 나는 언제나 우리 식구를 일곱으로 계산한다. 하나님이 우리의 아버지시기 때문이다. 그러므로 나의 하나님의 몫 계산은, 10분의 1이 아니라 7분의 1이다.

나는 아이들에게 재산의 7분의 1씩을 줄 것이다. 그것은 본래 내 몫이 아니라 아이들의 몫이기 때문이다. 나는 아이들에게 각자 돌아갈 몫이 하나님이 본시 이스라엘 백성들에게 몫으로 나누어주시고 허락해주셨던 정도의 몫이 되기를 소원한다. 정확히 그것을 계산해내기는 어렵지만.

내 나름대로의 계산에 의하면 지금 현재의 재산 정도면 적당하다고 생각한다. 그래서 나는 이 시점에서 재산을 더 모으기 위한 노력을 중단해야 한다. 그래서 누진표를 만들어놓고 더 이상 재산이 늘어나는 일을 나름대로 막고 있는 것이다. 그러므로 지금 현재의 상황으로는 우리 집에서 가장 많은 몫을 가지시는 분은 하나님이시라고 할 수 있다. 하나님 외에 나머지 여섯 식구의 몫을 모두 합하면 하나님보다 많지만 각자의 몫을 계산하면 하나님의 몫이 비교도 되지 않을 만큼 크다고 할 수 있다.

아이들의 몫을 주고 우리 부부는 우리의 몫을 가지고 노년을 살 것이다. 지금 현재의 계산으로는 알뜰하고 규모 있게 살면 우리 몫만으로도 남에게 구차한 꼴 보이지 않고 살 수 있을 것 같다. 물론 하나님이 지켜주셔야 하지만. 그러다가 죽게 되어 하나님께 가게 되거든 그 몫은 모두 다 하나님께 드리고 가려고 한다. 아이들 몫은 주겠지만 내 몫은 유산으로 남기지 않겠다는 것이다.

나는 그와 같은 삶만 실천해도 어느 정도 노블리스 오블리제의 정신을 실천할 수 있게 되지 않을까 생각한다. 말은 이렇게 하지만 솔직히 나는 이런 삶을 실천하며 사는 것이 아직도 힘들다. 그러나 그럼에도 불구하고 나는 이와 같은 삶의 실천을 포기하지 않고 끝까지 노력할 것이다. 그리고 그와 같은 삶을 사랑하는 아이들에게 가르치며, 가르칠 뿐만 아니라 우리 집안의 가훈으로 물려주고 싶다.

내가 부족하지만 노블리스 오블리제의 삶을 살려고 노력하며, 그것을 열심히 자녀들에게 가르치려고 하는 것은 그와 같은 삶을 살아가는 자를 하나님이 기뻐하시며, 하나님이 그와 같은 삶을 살아가는 자에게 복을 주시기 때문이다. 나는 물론이거니와, 나의 자녀들이 하늘의 복, 다시 말해서 하나님의 복을 받고 사는 사람들이 되기를 진심으로 원한다. 노블리스 오블리제의 삶을 가장 간단하게 표현할 수 있는 말은 '구제'다.

행복한 부자를 위한 5가지 원칙

성경에는 구제에 관한 말씀들이 많이 있는데 그것을 뽑아보면 다음과 같다.

"너는 반드시 그에게 줄 것이요 줄 때에는 아끼는 마음을 품지 말 것이니라. 이로 말미암아 네 하나님 여호와께서 네가 하는 모든 일과 네 손이 닿는 모든 일에 네게 복을 주시리라."(신명기 15장 10절)

"흩어 구제하여도 더욱 부하게 되는 일이 있나니 과도히 아껴도 가난하게 될 뿐이니라."(잠언 11장 24절)

"구제를 좋아하는 자는 풍족하여질 것이요 남을 윤택하게 하는 자는 윤택하여지리라."(잠언 11장 25절)

"가난한 자를 구제하는 자는 궁핍하지 아니하려니와 못 본 체하는 자에게는 저주가 크리라."(잠언 28장 27절)

"그러므로 구제할 때에 외식하는 자가 사람에게서 영광을 받으려고 회당과 거리에서 하는 것 같이 너희 앞에 나팔을 불지 말라 진실로 너희에게 이르노니 그들은 자기 상을 이미 받았느니라."(마태복음 6장 2절)

"너는 구제할 때에 오른손의 하는 것을 왼손이 모르게 하여"(마태복음

내가 벌었다고, 다 내 돈이 아니다

6장 3절)

"네 구제함을 은밀하게 하라 은밀한 중에 보시는 너의 아버지께서 갚으시리라."(마태복음 6장 4절)

"그러나 그 안에 있는 것으로 구제하라 그리하면 모든 것이 너희에게 깨끗하리라."(누가복음 11장 41절)

"너희 소유를 팔아 구제하여 낡아지지 아니하는 배낭을 만들라 곧 하늘에 둔 바 다함이 없는 보물이니 거기는 도둑도 가까이 하는 일이 없고 좀도 먹는 일이 없느니라."(누가복음 12장 33절)

"도둑질하는 자는 다시 도둑질하지 말고 돌이켜 가난한 자에게 구제할 수 있도록 자기 손으로 수고하여 선한 일을 하라."(에베소서 4장 28절)

이와 같은 말씀들을 정리하면 다음과 같다.

첫째, 구제하라.
둘째, 구제할 때 오른손이 하는 일을 왼손이 모르게 하라.
셋째, 구제하는 것은 하늘에 보물을 쌓아두는 것이다.
넷째, 구제를 잘하는 자에게 하나님이 복을 주셔서, 구제를 하면

할수록 더욱 부요하게 된다.

나는 이 말씀을 말씀 그대로 믿는다. 나는 내 사랑하는 아이들이
이 약속의 축복을 받는 사람이 되기를 진심으로 원한다. 그래서 나
는 열심히 아이들에게 노블리스 오블리제의 삶을 가르쳤다. 여러
분들도 그렇게 할 수 있기를 바란다.

내가 벌었다고, 다 내 돈이 아니다

# 행복한
# 부자를 위한
# 제5원칙

진정한 삶의 행복은 소유가 아니라 존재가 결정한다

_성경에서 배우는 돈에 대한 진리들

# 부자가 되려고 예수를 믿는 건 아니다

_ 고난을 딛고 부를 만들어낸 다윗

사람들은 예수를 잘 믿으면 부자가 될 수 있을 것이라는 생각들을 흔히 하는 것 같다. 예수를 믿는 사람들 가운데는 특히 더 많다. 그러나 이는 사실과 다르다.

예수를 믿는 사람이 부자일까, 아니면 믿지 않는 사람이 부자일까? 질문 자체가 좀 엉성하고 유치하지만 정답은 '사람 나름'이라는 것이다. 예수를 믿는 사람 가운데 부자도 있고, 안 믿는 사람 가운데도 부자가 있다. 예수를 믿는 사람 가운데 가난한 사람도 있고, 예수를 안 믿는 사람 가운데도 가난한 사람이 있다. 부자가 되고 안 되고는 예수를 믿고 안 믿고와는 직접적인 관계가 없다.

예수를 믿는 사람이 더 건강할까, 아니면 믿지 않는 사람이 더 건강할까? 이 답도 마찬가지다. '사람 나름'이다. 예수를 잘 믿는 사람 가운데도 건강치 못한 사람이 얼마든지 있고, 예수를 안 믿는 사람 가운데도 건강한 사람이 얼마든지 있을 수 있다. 그 반대의 경우도 마찬가지다.

물론 어느 정도는 예수를 잘 믿는 사람이 더 건강하고 부자가 될

진정한 삶의 행복은 소유가 아니라 존재가 결정한다

확률이 높다고 할 수 있다. 바른 생각과 절제 있는 생활을 하다 보면 그렇지 못한 사람보다 비교적 더 건강하고 부자가 될 수는 있지만 그것은 절대적이라고 할 수 없다. 예수를 믿는 사람이 비교적 더 바른 생각과 절제 있는 생활을 한다고 할 수는 있지만 예수를 안 믿는다고 모든 사람이 다 바르지 못한 생각과 절제 없는 생활을 하고 있는 것은 아니기 때문이다.

그렇다면 예수는 도대체 왜 믿는 것일까? 꼭 부자가 되는 것도 아니고 꼭 건강해지는 것도 아니라면 무엇 하러 사람들은 예수를 믿는 것일까?

결론은 두 가지 가운데 하나일 것이다. 첫째는 우리가 계시지도 않는 하나님을 믿는 것이고, 둘째는 건강하게 살고 부자로 사는 것이 좋은 일이기는 하지만, 그것이 우리의 삶에 있어서 가장 중요한 복은 아니라는 것이다. 나는 당연히 후자라고 생각한다.

기독교는 돈을 중요한 것으로 여기지만 돈을 복이라고 생각하지 않는다. 돈이 우리를 진정으로 행복하게 해줄 수 있다고 생각하지 않는다. 기독교는 복을 소유에서 찾지 않고 존재에서 찾기 때문이다.

1992년 올림픽이 끝난 직후 미국에서 목회를 하시는 선배 목사님과 함께 식사를 한 적이 있었다. 호텔에 머물면서 텔레비전을 보다가 한국의 청소년들이 10만 원이 넘는 고가의 운동화를 신고 다닌다는 이야기를 듣고 어지간히 놀라셨던 모양이다. "김 목사, 정말 한국의 아이들이 그렇게 비싼 운동화들을 신고 다니나?"라고 물으셨지만, 그때까지 나는 그렇게 비싼 운동화가 있다는 사실조차 모르고 있었다. 지금도 그렇지만 10여 년 전인 그때만 해도 10만 원짜리 운동화는 정말 비싼 것이었기 때문이다.

집에 돌아와 아이들에게 물었다. "10만 원짜리 운동화가 있다는데 그게 사실이니?" 아이들은 어떤 브랜드의 농구화가 10만 원이 넘는다고 일러주었다. "너희 학교에도 그런 운동화 신고 다니는 놈들이 있냐?"며 또 물었다. 아이들은 "우리만 빼놓고는 다 신어요"라고 대답하는 것이었다. 나는 또 아이들에게 "그런데 너희들은 왜 사달라고 하지 않았니?" 하고 물었다. 아이들은 "사달라고 해봤자 안 사주실 텐데요, 뭐"라며 아무렇지도 않은 듯 대답했다.

사무실에 나와 아이들에게 편지를 썼다. 그렇게 비싼 운동화를 사달라고 조르지 않아서 고맙다는 내용의 편지였다. 그 편지를 쓰면서 아이들에게 왜 그렇게 비싼 운동화를 신으면 안 되는지를 설명해주었다. 답은 간단하였다. 그것은 '쓸데없다'는 것이다.

당시 황영조 선수가 올림픽 마라톤에서 금메달을 땄을 때였다. 황영조 선수가 소속되어 있는 회사에서 황영조 선수의 발에 맞는 마라톤화를 개발하기 위하여 1억 원을 썼다는 이야기가 있었는데 사람들은 그것에 대하여 긍정적으로 이야기하기도 하고 부정적으로 이야기하기도 하였다. 나는 아이들에게 그 이야기를 하면서 "황영조 선수의 1억 원짜리 운동화는 괜찮다"고 이야기했다. 이유는 간단하다. '쓸데있다'는 것이다.

황영조 선수는 올림픽에서 금메달을 딸 정도로 실력 있는 선수

진정한 삶의 행복은 소유가 아니라 존재가 결정한다

다. 1억 원이 작은 돈은 아니지만 더 가볍고 발에 잘 맞는 신발을 신고 뛴다면 단 몇 분이라도, 최소한 몇 초라도 기록을 단축할 수 있을 것이다. 그 정도의 기록이라면 메달의 색조차 바꿀 수 있는 것이므로, 나는 황영조 선수의 운동화를 만들기 위해 1억 원을 투자하는 것은 지나친 일이 아니라고 아이들에게 썼다.

> 그러나 너희들이 10만 원짜리 운동화를 신어야 하는 이유는 무엇이냐? 기록을 단축하기 위함이냐? 아니면 국위를 선양하기 위함이냐? 너희들이 10만 원짜리 운동화를 신는 까닭은 단 하나, 자랑하기 위해선데, 조금만 더 생각해보면 이는 못내 부끄러운 일이란다. 사람이 오죽 변변치 못하면 신발을 자랑하겠냐? 사람이 10만 원짜리가 되지 못하기 때문에 10만 원짜리 운동화가 자랑스러운 것이 아니겠느냐? 신발 자랑 하면서 사는 사람이 되지 말고 너희의 사람됨을 자랑하며 사는 사람이 되어라.

많은 사람들이 잘사는 것이 소유 가치에 있는 것으로 잘못 알고 있다. 그러나 잘사는 것은 소유 가치에 있지 않고 존재 가치에 있다. 진정한 삶의 성공도 소유 가치에 있는 것이 아니라 존재 가치에 있고 진정한 삶의 행복도 마찬가지다. 소유 가치가 아무것도 아닌 것은 아니다. 이왕이면 가난하게 사는 것보다 부유하게 사는 것이 좋지만 그러나 그것이 우리에게 진정한 삶의 행복과 성공을 가져다주는 것은 아니다.

존재 가치가 별로 없는 삶을 우리는 '못산다'고 해야 한다. 존재

가치가 없는 사람은 그것을 가리기 위하여 소유 가치를 내세운다. 그리고 그것을 자랑한다. 나는 10만 원짜리 운동화를 신는 사람이라고 자랑하지만 그것은 부끄러운 일이다.

진짜 복과 가짜 복이 있다. 사탄은 우리에게 가짜 복으로 유혹한다. 그리고 불행하게도 많은 사람들이 그 가짜 복에 속아 잘못 살아가고 있다. '평안'과 '편안' 가운데, '평안'이 진짜 복이고 '편안'은 가짜 복이다. '편안함'이 나쁜 것은 아니지만 그것이 우리를 행복하게 하는 것은 아니다. 편안함은 우리에게 진정한 행복을 주지 못한다. 그것은 진짜가 아니기 때문이다.

고등학교 3학년 때 국어 선생님이 수업에 들어오셔서 "너희 소원은 무엇이냐?"고 물으셨다. 개구쟁이 친구 하나가 "예, 아침 먹고 자고, 점심 먹고 자고, 저녁 먹고 자는 겁니다"라고 대답하였다. 온 교실이 웃음바다가 되었다. 그러자 선생님께서는 "이놈들아, 사흘만 그렇게 자봐라, 쥐약 생각날 거다"라고 말씀하셨다.

열심히 준비했으나 나는 대학 시험에 떨어지고 말았다. 집에 돌아와 이불을 뒤집어쓰고 잤다. 정말 며칠을 두문불출하고 잠만 잤다. 며칠이 지나니 잠도 오지 않고 시간이 가지 않아 정말 고통스러웠다. 신문의 구인광고란까지 다 읽어도 시간이 흐르지 않았다. 먹지는 않았지만 정말 그때 선생님 말씀과 같이 쥐약 생각이 났다. 지나친 편안함은 나에게 행복을 가져다주지 못하고 오히려 죽음과 같이 고통스러운 권태를 가져다주었다.

서양에 "우유를 마시는 사람보다 우유를 배달하는 사람이 더 건

진정한 삶의 행복은 소유가 아니라 존재가 결정한다

강하다"는 속담이 있다. 우유를 배달하는 것보다 우유를 마시는 것이 더 편하게 사는 것이지만 지나친 편안함은 우리를 육체적으로, 정신적으로, 신앙적으로 약하게 만든다. 편하게 사는 것이 무조건 나쁜 것은 아니나 진짜 복이 아닌 것만은 틀림없다.

돈이 우리에게 줄 수 있는 것은 평안함일까, 편안함일까? 물어보나마나 그것은 편안함이다. 돈으로 편하게 살 수는 있지만 평안하게 살 수는 없다.

기독교 신앙은 우리를 편안케 하기보다 평안케 한다. 미신적인 종교의 관심은 편안에 있으나 기독교의 관심은 평안에 있다. 하나님을 믿는 믿음이 우리에게 주는 가장 큰 축복이 있다면 그것은 평안이다.

막내가 여섯 살 무렵, 나는 막내의 손을 잡고 골목을 내려가고 있었다. 골목 아래에서 5학년짜리 아이 하나가 올라오던 중이었다. 그 아이를 보자 우리 막내아이 눈이 반짝거리기 시작했다. "아빠, 저 형아가 나 때렸어!" 아마 며칠 전에 그 아이에게 한 대 맞은 모양이다. 아빠와 함께 가다가 만나게 되었으니 그때의 억울함을 복수해달라는 것이었지만 어른이 자기 아이 한번 건드렸다고 쥐어박는 것이 어른답지 못하다고 생각했기에 못 들은 척 그냥 가려고 하였다. 그러자 우리 막내가 슬며시 내 손을 놓더니 뚜벅뚜벅 그 아이에게로 가서 발로 탁 차고는 의기양양하게 돌아왔다.

혼자 있을 때라면 삼십육계 줄행랑을 놓아야 하지만 아빠와 함께 있을 때는 발로 차주어도 상대방이 꼼짝 못한다는 것을 여섯 살짜리가 이미 알고 있었다. 나는 그때 무릎을 치며 깨달았다. 다윗이 어떻게 골리앗을 이길 수 있었는지를 말이다. '다윗 여섯 살, 골리앗 5학년, 하나님 80킬로그램'. 하나님을 믿는 믿음은 우리에게 평안을 가져다준다. 두려움이 없기 때문이다.

"여호와는 나의 목자시니 내게 부족함이 없으리로다. 그가 나를 푸른 초장에 누이시며 쉴 만한 물가로 인도하시는도다." 다윗의 유명한 시편이다. 다윗은 '푸른 초장에 누이신다'는 표현을 썼지만 그것은 엄밀하게 이야기하면 틀린 표현이다. 왜냐하면 양은 눕지 않기 때문이다. 양과 같은 약한 동물은 절대로 눕지 않는다. 세상에 누워 자는 동물은 강한 동물뿐이다. 사람이 강한 동물이기 때문에 누워서 자고 사자와 호랑이가 강한 동물이기 때문에 누워서 잔다. 사자와 호랑이는 누워 자도 건드릴 동물이 없으니 누워서 잘 수 있는 것이다. 하지만 양, 노루, 토끼, 사슴과 같은 동물은 누워서는 잘 수 없다. 그와 같은 동물들이 누워 잔다는 것은 자살 행위와도 같다. 언제나 웅크리고 자다가 부스럭 소리가 나면 뒤도 돌아보지 않고 뛰어 도망갈 수 있어야 한다.

다윗은 목자 출신이기 때문에 이와 같은 사실을 기본적으로 잘 알고 있는 사람이었다. 그런데 자신이 양과 같이 약한 존재임에도 불구하고, 그리하여 밤낮 불안에 떨어 눕지 못하는 삶을 살아야 하는 존재임에도 불구하고, 누워 잔다고 고백하고 있다. 이유는 단 하나다. 여호와가 나의 목자시기 때문이다.

"예수를 잘 믿으면 과연 부자가 될 수 있을까?"라는 질문에 대한

진정한 삶의 행복은 소유가 아니라 존재가 결정한다

답은 '아니다'다. 예수는 부자가 되려고 믿는 것이 아니다. 세상이 줄 수 없는 참 평안을 얻기 위함이고, 존재 가치를 높여 참으로 잘 사는 사람이 되기 위하여 믿는 것이다.

존재 가치는 존재 목적에서 나온다. 존재의 목적과 존재가 일치할 때 가치가 발생하는 것이다. 마이크와 앰프의 존재 목적은 작은 목소리를 크게 확성시키는 데 있다. 마이크와 앰프가 본래의 존재 목적대로 작은 목소리를 크게 확성시키면 그 마이크와 앰프는 가치가 있는 것이다. 그러나 목적대로 확성하지 못하게 되면 그 마이크와 앰프는 무가치한 존재가 되고 만다. 모든 존재의 가치는 존재의 목적에서만 발생한다.

그 중요한 존재의 목적에는 원칙이 있는데, 그것은 존재로부터 말미암지 않는다는 것이다. 모든 존재의 목적은 그것을 존재케 한 존재에게서 말미암는다. 마이크의 존재 가치는 마이크의 존재 목적에서 나오고 마이크의 존재 목적은 마이크를 만든 사람에게서 나온다.

김동호의 행복은 김동호의 존재 가치에서 나오고, 김동호의 존재 가치는 김동호의 존재 목적에서 나오며, 김동호 존재 목적은 김동호를 존재케 하신 하나님으로부터 나온다. 내 뜻대로 내 마음대로 살 때 행복이 오는 것이 아니라 나를 이 땅에 존재케 하신 하나님의 뜻을 생각하고 그 뜻대로 살려고 힘쓰고 애쓸 때 김동호는 진정 잘사는 사람이 되고 행복한 삶을 사는 사람이 되는 것이다.

예수는 부자가 되려고 믿는 것이 아니다. 부자가 되는 것이 잘못된 일도 아니고 나쁜 것도 아니며, 할 수 있으면 부자로 사는 것이 좋지만, 그럼에도 불구하고 예수는 부자가 되려고 믿는 것은 아니다. 부자가 되는 것과는 비교도 되지 않는 것이 있다. 그것은 내가 가치 있는 존재가 되는 것이다. 예수는 소유 가치를 위하여 믿는 것이 아니라 존재 가치를 위하여 믿는 것이다. 예수를 믿는다고 다 높은 소유 가치를 가진 부자가 되는 것은 아니다. 그러나 예수를 믿으면 존재 가치가 높은 사람이 될 수 있다.

그러므로 나는 무조건 예수를 믿으면 건강해지고 부자가 된다고 이야기하는 사람은 약간 사기성이 있는 사람이라고 생각한다. 부자가 되기 위하여 예수를 믿는 사람이 되지 말고, 정말로 잘사는, 다시 말해서 존재 가치가 높은 삶을 사는 사람이 되기 위하여 예수를 믿는 사람들이 될 수 있기를 바란다.

예수 믿으면 부자가 되고 건강해진다는 것만을 가르치는 기독교는 세상을 건강하게 하지 못한다. 오늘날 한국 기독교가 세상을 변화시키고 축복하는 기독교가 되지 못한 가장 중요한 이유가 있다면 그 이유가 바로 그와 같은 기복주의적인 신앙관의 강조 때문이라고 생각한다.

정말 잘사는 사람이 되기 위하여 믿는 예수를 가르칠 때 기독교가 세상과 사람들을 진정으로 축복하는 종교가 될 것이라고 나는 생각한다.

진정한 삶의 행복은 소유가 아니라 존재가 결정한다

# 군자는 꼭 가난해야 하는가?

_ 믿음으로 깨끗한 부를 쌓은 아브라함

내가 좋아하여 평생 마음에 새기고 삶의 원칙으로 삼고 지내는 말이 하나 있다. 그것은 공자의 《논어》에 나오는 '군자유어의 소인유어이(君子喩於義 小人喩於利)'라는 말이다. 군자는 매사를 생각하고 결정할 때 그것이 의로운 일인지 아닌지를 기준으로 생각하지만, 소인은 매사를 생각하고 결정할 때 그것이 자신에게 이로운 일인지 아닌지를 기준으로 생각한다는 뜻이다.

사람이 '利'를 먼저 생각하지 아니하고 '義'를 먼저 생각하며 산다는 것은 생각처럼 쉬운 일이 아니다. 그러나 군자는 이익을 먼저 생각하지 아니하고 의를 먼저 생각하는 사람이다. 우리 생각에 군자는 평생을 살아도 부자가 될 수는 없을 것 같다. 그래서 우리는 군자 하면 청빈을 생각하는 것이다. 그러나 정말 군자는 부자가 될 수 없는 것일까? 군자는 언제나 깨끗하지만 가난하게 살아야만 하는 것일까?

그러나 그것도 일종의 편견이다. 건강하고 바른 판단을 가로막는 매우 위험한 편견 가운데 하나다.

《대학》이라는 책에 내가 좋아하는 말이 또 하나 있다. "만물에는 근본적인 것과 지엽적인 것이 있나니 곧 먼저 할 것과 나중할 것이라. 사람이 먼저 할 것과 나중할 것을 바로 알면 도에 가까우니라." 라는 것이다.

근본과 지엽이라는 말을 우리는 으뜸과 딸림이라는 말로 표현할 수 있다. 으뜸은 근본이고 딸림은 지엽이다. 그런데 우리나라의 그 으뜸과 딸림이라는 말에는 매우 철학적인 의미가 담겨 있다. 근본은 으뜸이기 때문에 언제나 으뜸으로 해야 한다. 다시 말해서 먼저 해야 한다는 말이다. 그러면 지엽적인 일은 자동적으로 근본을 따라오게 된다. 왜냐하면 지엽은 딸림이기 때문이다. 그러므로 먼저 해야 할 일인 근본을 으뜸으로 하면 근본만 얻는 것이 아니라 딸림인 지엽까지 함께 얻을 수 있다.

그러나 순서를 바꾸어 으뜸인 근본을 나중으로 미루고 딸림인 지엽을 먼저 하게 되면 으뜸은 딸림에 딸리지 않음으로 근본을 잃어버리게 되고 결국 근본을 잃어버리게 되므로 나중에는 지엽까지 잃어버리게 되는 것이다. 그래서 《대학》에서는 먼저 할 것과 나중 할 것을 바로 아는 것이 곧 도(道)라고까지 이야기하고 있는 것이다.

마태복음 6장 31절에서 33절에 보면 우리가 너무나 잘 아는 유명한 말씀이 있다. 그것은 "그러므로 염려하여 이르기를 무엇을 먹을까 무엇을 마실까 무엇을 입을까 하지 말라 이는 다 이방인들이 구하는 것이라 너희 하늘 아버지께서 이 모든 것이 너희에게 있어야

진정한 삶의 행복은 소유가 아니라 존재가 결정한다

할 줄을 아시느니라 그런즉 너희는 먼저 그의 나라와 그의 의를 구하라 그리하면 이 모든 것을 너희에게 더하시리라"는 말씀이다. 예수님은 이 말씀 속에서 무엇을 먹을까 입을까 마실까를 염려하는 것을 지엽적인 일로, 하나님의 나라와 의를 구하며 사는 것을 근본적인 일로 설명하고 계신다.

우리에게는 다 소인배 근성이 있어서 하나님의 나라와 의를 구하기 이전에 우선 먼저 무엇을 먹을까 입을까 마실까를 생각하는 경향이 있다. 그러나 하나님은 우리가 하나님의 도(道)에 가까운 사람답게 근본적인 일인 하나님의 나라와 의를 구하는 일을 먼저 하며 사는 사람이 되라고 말씀하신다. 그렇게 되면 지엽적인 일인 먹을 것과 입을 것, 그리고 마실 것의 문제는 자연스럽게 해결 될 것이라고 말씀하신다.

많은 사람들은, 이익에 속한 문제를 뒷전으로 하고 우선 하나님의 나라와 의를 구하며 사는 소위 군자 같은 사람들은 먹을 것도 먹지 못하고 입을 것도 입지 못하고 마실 것도 제대로 마시지 못하며 살 것이라고 생각한다. 그러나 하나님과 지혜로운 어른들의 말씀은 그렇지 않다. 오히려 그렇게 사는 사람이 더 잘 먹고 잘 입고 잘 마시게 될 것이라는 것이다.

하나님의 말씀과 생각대로라면 군자라고 해서 다 청빈한 사람이 될 필요는 없는 것 같다. 오히려 군자가 다른 소인배보다 더 잘 먹고 잘 입고 잘 마시는 사람이 될 것 같다. 왜냐하면 이 모든 것을 하나님께서 더하여 주신다고 하였기 때문이다.

성경에 나오는 믿음의 사람들은 공자가 《논어》에서 말하는 군자의 삶을 산 사람들이다. 저들은 예수님이 마태복음 6장에서 말씀하신, 먼저 그의 나라와 의를 구하며 산 사람들이었다. 그럼에도 불구하고 저들 중에 상당수는 부자였다. 군자는 무조건 가난한 사람일 것이라고 하는 편견이 우리에게 있는데 그것은 편협하고 위험한 생각일 수 있다.

아브라함은 믿음의 조상이라고 불릴 만큼 믿음이 좋은 사람이었다. 그는 75세에 하나님의 떠나라는 말씀 한마디에 그곳이 어디인지도 묻지 않고 75년을 터 닦고 살아오던 본토 친척 아비 집을 떠났다. 그는 세상의 안정과 이익보다 하나님의 말씀을 더 중히 여기는 사람이었다. 그는 자기의 이익을 챙기는 일에 둔한 사람이었다. 조카 롯과 땅을 나눌 때도 자신이 삼촌이고 어른이기 때문에 얼마든지 먼저 땅을 선택할 수 있었음에도 불구하고 조카에게 먼저 그 권한을 양보하였다.

그래서 아브라함은 평생 가난하게 살았는가? 아니다. 아브라함은 부자였다. 그는 부자가 되는 것을 삶의 목표로 삼지 않았으나 하나님은 그를 언제나 부자로 살게 하셨다. 나는 부자라고 꼭 하나님의 복을 받은 사람이라고 생각하지 않는다. 반대로 가난한 자라고 하나님의 축복을 받지 못한 사람이라고도 절대로 생각하지 않는다. 그러나 그럼에도 불구하고 아브라함은 부자였다. 그것은 사실이다.

욥은 하나님이 사탄 앞에서 칭찬하실 만큼 믿음이 좋았던 당대의 의인이었다. 욥은 자신의 순수한 믿음을 지키기 위하여 잠시 고난을 받고 가난해진 적도 있었으나 결국 그는 부자가 되었다. 아브라함과 함께 믿음의 조상으로 존경받는 다윗도 부자였다.

물론 하나님의 축복을 받은 사람 가운데 부자가 아닌 사람도 많다. 쉬운 예로, 바울은 부자가 아니었다. 그는 천막 짓는 노동자의 삶을 스스로 선택하여 살았던 가난한 사람이었다. 그러나 내가 이 글에서 이야기하려고 하는 것은 믿음으로 의롭게 산다고 해서, 다시 말해 군자로 산다고 해서 누구나 다 가난해야만 한다는 것은 옳지 않다는 것이다.

군자 가운데 청빈한 자도 있지만, 군자로 살았기 때문에 하나님의 원리에 따라 부자가 된 사람도 얼마든지 많이 있다는 것이다. 부자냐, 가난하냐만 가지고 군자냐, 소인배냐를 구별하는 것은 매우 위험한 일이다.

가난한 사람은 하나님의 축복을 받지 못한 사람이라는 편견도 버리고, 반대로 부자는 다 소인배라는 편견도 버려야만 한다.

군자도 얼마든지 부자가 될 수 있다. 오히려 하나님의 식과 구조는 군자가 되면 부자가 되는 것이라고 할 수 있다. 먼저 하나님의 나라와 의를 구하며 살면 이 모든 것들을 하나님께서 더 하여 주시겠다고 약속하셨기 때문이다. 근본을 먼저 하면 지엽은 자동적으로 따라붙는 것이기 때문이다.

## 자신의 달란트를 소중히 여겨라

_ 하늘 아래 가장 순결했던 부자 욥

IMF 때 설교를 하면서 나라 경제를 위해 절약하여 저축을 늘리고 국산품을 애용하자는 이야기를 하였다. 설교가 끝난 후 경제학 박사인 교우 한 분이 사무실로 찾아와 "목사님 말씀대로 하면 우리나라 망합니다"라는 말씀을 한 적이 있다.

경제가 어렵다고 소비를 줄이고 저축만 하면 산업이 위축되어 경제가 더 어려워지고, 물론 국산품을 애용하는 것이 좋지만 너무 지나치게 국수주의적으로 나가면 우리나라 산업의 경쟁력도 약화될 뿐 아니라 수출에도 악영향을 미치게 되어 도리어 국가경제가 더 나빠질 수 있다는 것이었다.

나는 그분의 이야기를 들으면서 상당히 일리가 있다고 생각했다. 경제를 전공하고 있는 우리 큰아이는 자신의 살림에 대하여 제법 엄격하다. 공군 중위 월급으로 부모에게 손 벌리지 않기 위하여 겨우 통화만 되는 휴대 전화를, 그것도 고무줄로 묶어서 사용하고 있다.

그런 아이가 제 엄마에게는 절대로 값싼 물건을 사지 못하게 한

진정한 삶의 행복은 소유가 아니라 존재가 결정한다

다. 엄마 정도 나이에 경제적으로도 어느만큼 안정된 사람이 무조건 싼 물건만 구입하면, 부가가치가 높은 고가의 생산품을 생산할 수 없게 되고, 그렇게 되면 나라의 경제가 더 어려워지게 된다는 것이다. 경제적으로 안정된 사람들이 어느 정도 고가의 물건들을 구입해주어야 나라의 경제가 건강하게 돌아가고, 그래야만 가난한 사람에게까지 혜택이 돌아갈 수 있다는 논리다. 어찌 생각하면 궤변 같기도 하지만 곰곰이 생각해보면 꼭 그런 것만 같지는 않다.

미국과 같은 나라에서는 부자들의 소비를 늘리기 위한 세무 정책을 적용하고 있다. 할 수만 있으면 크고 고급스러운 고가의 차를 사도록 유도하고 집도 큰 저택을 짓거나 사도록 유도한다. 그렇지 않으면 그 돈을 모두 세금으로 빼앗아(?) 가버린다. 그러므로 당연히 부자들은 앉아서 세금으로 돈을 빼앗기느니 차라리 그 돈으로 큰 차를 사고 큰 집을 사게 되는 것이다. 그와 같은 정책을 통하여 부자들의 돈을 은행 금고에서 끌어내어 경제를 돌아가게 하는 데 사용하고 있는 것이다. 사람들은 그런 사실을 알고 있기 때문에 부자들이 큰 집에서 살고 고급차를 타고 다니는 것에 대하여 우리들보다 좀더 관대한 생각을 가지고 있다.

뿐만 아니라 사회 복지 기관과 같은 곳에 기부를 하면 그 돈을 세금에서 감면해준다. 그와 같은 정책을 통하여 부자들의 돈을 가난하고 소외된 이웃들에게 돌릴 수 있도록 유도하고 있는 것이다. 선진국에서는 국민들이 번 돈을 가급적 다 쓰게 하려는 정책을 펴고 있는 것처럼 보인다. 그리고 그와 같은 정책을 통하여 경제를

행복한 부자를 위한 5가지 원칙

움직이며 발전시키려 하고 있다. 우리나라도 이미 그와 같은 정책을 사용하고 있는 것으로 알고 있다.

물론 최상의 정책은 부자들의 돈을 가난하고 소외된 이웃들에게 전부 돌리는 것이다. 그러나 열심히 돈을 벌어서 가난하고 어려운 이웃들만 섬기라고 하는 것은 너무 이상적인 생각이다. 나는 부자들의 소비를 부추기는 국가의 정책이 완벽한 것은 아니지만 상당히 합리적이라고 생각한다.

최상만 고집하지 아니하고 차선도 생각하여, 큰 차를 사거나 큰 집을 짓고 사게 함으로써 부자들의 돈을 경제계로 끌어내는 방법을 나는 인정해야만 한다고 생각한다. 가장 나쁜 것은 부자들이 돈을 벌기만 하고 쓰지 않는 것이다. 부자들이 돈에 대한 욕심 때문에 값싼 물건만 사는 것이다. 그렇게 되면 나라의 경제는 발전하지 못하고 점점 위축될 것이고, 가난한 자들은 점점 더 가난해질 수밖에 없을 것이다.

이 글을 쓰면서도 나는 참 조심스럽다. 내가 위험한 이야기를 하고 있는 것은 아닌가? 나도 이제 경제적으로 안정된 삶을 살게 되면서 나도 모르는 사이에 소유와 소비에 대한 합리화를 시도하고 있는 것은 아닌가? 궤변을 늘어놓고 있는 것은 아닌가?

세계 여러 나라를 다니다 보면 우리나라보다 부자를 더 부정적으로 보는 나라는 없는 것 같다. 지어낸 이야기인지 모르나 세계 경제학자들이 불가사의하게 생각하는 것이 있었다고 한다. 그것은 중국이 자본주의가 되지 않은 것과 남한이 사회주의가 되지 않은

진정한 삶의 행복은 소유가 아니라 존재가 결정한다

것이라고 한다. 전적으로 동의할 수는 없으나 상당히 일리가 있는 말이라고 나는 생각한다.

우리나라 사람들이 부자를 부정적으로 보는 것에 대한 책임은 상당 부분 부자들에게 있다. 그러나 그 모든 책임을 부자들에게만 전가하는 것은 공정하지 못하다고 나는 생각한다.

언제까지나 부자에 대한 부정적인 생각을 가지고 있을 것인가? 그와 같은 생각에서 탈피하지 못하면 우리나라는 소득 2만 달러 시대에 들어설 수 없을 것이다. 우리나라 사람들이 가지고 있는 부자에 대한 부정적인 생각은 대부분 이중적이다. 다른 사람이 부자가 되는 것에 대해서는 아주 부정적이지만 그럼에도 불구하고 자신이 부자가 되는 것에 대하여 스스로 부정적인 사람은 많지 않다.

우리나라가 선진국이 되기 위해 고쳐야 할 중요한 일 가운데 하나가 나는 바로 이 부자에 대한 이중적인 생각이라고 생각한다.

그것은 교회의 규모에 대해서도 마찬가지다. 한국 교회의 교인들 가운데, 소위 의식이 있다고 하는 교인들 가운데는 대형 교회에 대하여 긍정적이거나 고운 시선을 가진 사람은 그다지 많지 않은 것 같다. 대형 교회에 대하여 부정적인 시각을 가지고 있는 어느 기관에서 개척 교회 목회자들을 위한 교회 성장 세미나를 개최하는 것을 보았다. 나는 그것이 참 아이러니하다고 생각하였다. 성장을 부정적으로 보는 사람들이 정작 개척 교회 목회자들을 위해서는 성장을 위한 세미나를 한다는 것이 참으로 아이러니하지 않은가? 그 기관에서 하는 성장 세미나가 성공하여 목회자들의 개척 교회가 큰 교회가 되고, 그 큰 교회가 더 성장하여 대형 교회가 된다면 그것을 성공으로 보아야 할 것인가, 아니면 실패로 보아야 할 것인가?

사람들은 대형 교회 목사들이 교회 성장에만 관심을 가지고 목회를 한다고 생각한다. 하지만 그런 식으로 목회를 한다면 교회는 절대 큰 규모로 성장할 수 없다. 대형 교회를 하겠다고 마음먹고 대형 교회를 하는 목회자는 내가 아는 한 없다. 그냥 열심히 목회를 하다 보니 교회가 대형화된 것뿐이다.

작은 교회에서 목회하는 목회자 가운데 정말 작은 교회에 대한 소명감을 가지고 있는 목회자가 몇 사람이나 될까? 그런데 또 아이러니한 것은 그 같은 마음을 가지고 작은 교회를 목회하면 교회가 성장한다는 것이다. 그럴 경우 '나는 작은 교회를 목회하려고 하는 사람이니 다른 교회로 가라'며 찾아온 교인들을 돌려보낼 수도 없는 일이 아닌가? 만일 그렇게 하는 사람이 있다면 그와 같은 목회자는 교만한 것이다. 목회자에게는 그럴 수 있는 권한이 없다.

작은 교회에서 목회하는 대부분의 목회자들도 교회의 성장을 꿈꾼다. 만일 그들이 섬기는 교회가 성장을 거듭하여 대형 교회가 된다면 그것을 사양할 사람은 거의 없을 것이다. 그러면서도 무조건 대형 교회를 부정적으로 이야기하고 매도하는 것은 별로 정직한 태도라고 생각하지 않는다.

가난한 사람들 대부분은 부자를 꿈꾼다. 그들에게 하나님이 물질을 주셔서 부유케 하신다면 그것을 구태여 사양할 사람이 우리 가운데 몇이나 될까? 그러면서도 무조건 부자를 부정적으로 보고 타도해야 할 대상으로만 생각하는 것은 매우 위험한 일이 아닐 수 없다.

이솝 우화 중에 '여우와 포도' 이야기가 있다. 여우가 잘 익는 포도나무를 발견하고 나무에 달린 포도를 따먹으려고 점프를 한다. 그러나 불행히도 그 포도는 여우가 뛰어서 따기에는 불가능한 높이에 있었다. 여러 번을 시도하다가 결국 그것이 불가능하다는 것을 알게 된 여우는 포도 따기를 포기한다. 그러고는 이렇게 말한다. "저 포도는 너무 실 거야."

사람들은 모두 부자가 되기를 소망하고 있다. 부자가 되기를 소망하고 사는 것 자체가 부끄러운 것은 아니며 잘못된 것도 아니다. 부의 한계만 안다면 나는 가난하게 사는 것보다 부유하게 사는 것이 훨씬 좋다고 생각한다.

하나님도 우리가 가난하게 사는 것을 궁극적으로는 원치 않는다고 생각한다. 잠시 우리를 훈련시키시고, 교육시키시고, 테스트하시기 위하여 가난하게 하실 수는 있지만, 그런 경우가 아니라면 하나님은 우리를 부유하게 하시지, 가난하게 하시는 분이 아니시다.

가난의 원인은 두 가지다. 간단하게 정의하자면 심판과 훈련이다. 앞에서 이야기한 바와 같이 하나님이 우리를 훈련시키시고 연단시키시고 교육시키시고 테스트하시기 위하여 가난하게 하시는 경우다. 구약 성경에 나오는 욥의 경우가 그 예가 될 수 있다. 그러나 모든 가난의 원인이 그것만은 아니다. 적지 않은 가난의 원인은

행복한 부자를 위한 5가지 원칙

하나님의 법과 식을 어기고 제 멋대로 살았기 때문이다. 신약 성경에 나오는 달란트 비유 가운데 한 달란트를 맡았던 사람을 예로 들 수 있다. 그는 게으르고 나태하였기 때문에 받았던 한 달란트까지 빼앗기고 가난한 사람이 되었다.

부유함의 원인도 크게 두 가지다. 간단하게 정의하자면 사탄의 함정과 하나님의 축복이다. 사탄의 함정과 유혹의 올무로서의 부유함이 있다. 세상에 상당히 많은 부분의 부유함이 여기에 속한다고 할 수 있다. 그러나 모든 부유함의 원인이 그것만은 아니다. 적지 않은 부유함의 원인은 하나님의 축복으로부터 온다. 좁은 길을 가는 것과 같은 힘들고 어려운 하나님의 식과 법을 지킨 사람에게 상과 축복으로 주어지는 부함이 있다.

가난을 이야기할 때 '가난은 가난한 사람의 책임이다'라고만 이야기해서는 안 된다. 모든 가난을 게으른 한 달란트를 맡았던 사람의 탓으로 치부하면 안 된다. 가난을 하나님의 심판으로만 매도해서는 안 된다. 가난한 사람 가운데는 욥과 같은 의인도 얼마든지 있을 수 있기 때문이다.

마찬가지로 부유함을 이야기할 때 모든 부유함을 다 사탄의 올무와 함정으로서의 부유함으로만 생각해서도 안 된다. 모든 부자를 사탄과 손을 잡은 부도덕한 사람과 사탄의 함정에 빠진, 그래서 결국은 하나님의 심판을 받을 사람으로 생각해서는 안 된다. 부자 가운데는 욥, 아브라함, 그리고 다윗같이 하나님의 축복으로 부자가 된 사람도 얼마든지 있을 수 있기 때문이다.

불의한 부자는 비판하자. 그러나 부자를 무조건 비판하지는 말자. 부자들이 우리보다 넉넉한 생활과 소비를 하는 것에 대하여 조금 관대해지자. 부자들의 부요한 생활과 소비를 무조건 비판만 한다면 누가 열심히 돈을 벌려 할 것이며, 그렇게 되면 어떻게 사회가 경제적으로 발전할 수 있겠는가?

이원론적인 단순한 논리로 가난과 부함을 이야기하지 말자. 판단하지 말자. 그리고 함부로 정죄하지 말자.

자기가 부자가 되면 하나님의 축복이고, 다른 사람이 부자가 되면 그것은 사탄과 손을 잡았기 때문이라고 생각하는 이중적인 잣대를 버리자. 대형 교회를 비판하면서 개척 교회 목회자들을 위한 교회 성장 세미나를 개최하는 것과 같은 이율배반적인 생각과 행동을 버리자.

# 부자가 하늘나라에 들어가는 것은
# 낙타가 바늘귀로 들어가는 것보다 어렵다

예수님은 부자가 하늘나라에 가기가 얼마나 어려운지, 낙타가 바늘귀로 들어가는 것보다 어렵다고 말씀하셨다(마태복음 19장 24절). 이 말씀을 놓고 사람들은 자연스레 기독교가 부자를 무조건 부정적으로 본다고 생각한다. 그러나 이 말씀을 부자는 무조건 지옥 가고 가난한 사람은 무조건 천당 간다는 말씀으로 해석하면 상당히 곤란해진다.

에릭 프롬은 《소유냐 삶이냐(To Have or to Be?)》라는 책에서 인간을 소유형의 인간(having mode)과 존재형의 인간(being mode)으로 구분했다. 소유형의 인간이란 삶의 의미와 목적을 소유(to have)하는 데 두고 사는 사람을 의미하는 것이고, 존재형의 인간이란 삶의 의미와 목적을 인간답게 존재(to be)하는 데 두고 사는 사람을 의미한다.

그러나 우리가 여기서 오해하지 말아야 할 것이 있다. 그것은 부자는 소유형의 인간이고 가난한 사람은 존재형의 인간일 것이라고 쉽게 단정하는 것이다. 그것은 매우 위험한 생각이고 실제로 그와

진정한 삶의 행복은 소유가 아니라 존재가 결정한다

같은 위험하고 단순한 생각들이 세상을 얼마나 어지럽히고 있는지 모른다.

가난한 사람(a man have nothing)이라고 해서 무조건 다 소유에 관심이 없는 존재형의 인간일 것이라고 생각하거나 단정하는 것은 너무나 단순한 태도가 아닐 수 없다. 삶의 의미와 목적을 소유에 두고 살지만 능력이 부족하거나 기회가 닿지 않아서 가난한 사람이라면 그는 존재형의 인간이 아니라 소유형의 인간인 것이다. 물론 가난한 사람 가운데도 얼마든지 존재형의 인간이 있다는 것을 인정하지만, 가난한 사람이라고 해서 무조건 다 존재형의 인간일 것이라고 단정할 수는 없다는 것이다.

부자라고 무조건 그를 소유형의 인간으로 단정하는 것도 매우 위험한 생각이다. 물론 부자들 가운데는 소유형의 인간이 많을 것이다. 그렇다고 해서 모든 부자가 다 소유형의 인간이라고 단정하고 매도하는 것은 어리석은 생각이다.

어느 날 하나님은 사탄에게 욥을 자랑하신다. "세상에 그렇게 순전하고 악에서 떠난 사람이 없다." 그러자 사탄이 하나님께 시비를 건다. "그게 그냥 그렇게 되는 게 아니라, 하나님이 그를 큰 부자로 만들어주셨기 때문에 하나님 앞에서 그런 사람인 척하는 겁니다. 그의 소유만 건드리시면 그는 당장 하나님을 욕하고 죽을 사람입니다." 그러나 하나님은 끝까지 사탄의 말에 동의하지 않으신다. "욥이 부자인 것은 사실이나 단지 그 때문에 나를 신뢰하고 반듯한 삶을 사는 것이 아니다."

한마디로 이야기해서 사탄은 욥을 소유형의 인간이라고 주장하고 하나님은 욥이 존재형의 인간이라고 주장하신다. 사탄과 하나님 사이에 양보 없는 토론이 붙으니 결국 욥을 시험해보는 수밖에 없었다. 욥이 소유형의 인간이냐, 아니면 존재형의 인간이냐를 알아보는 시험은 당연히 욥의 모든 소유를 없애는 것으로 할 수밖에 없었다. 하나님의 허락에 의해 순식간에 욥의 모든 소유가 없어진다. 욥은 하루아침에 엄청난 부자에서 아무것도 가진 것이 없는 가난한 자가 되고 말았다. 사탄의 생각대로 욥이 소유형의 인간이었다면, 자신의 삶의 의미와 목적이었던 소유가 무너지는 순간 욥도 함께 무너질 것이었다. 하나님의 생각대로 욥이 존재형의 인간이었다면, 소유는 무너졌으나 삶의 의미와 목적이자 존재의 근원이신 하나님이 여전히 곁에 계시므로 자신의 삶을 지킬 것이었다.

그 긴장된 순간 욥은 이렇게 이야기한다. "주신 이도 여호와시오 거두신 이도 여호와이시오니 여호와의 이름이 찬송을 받으실지니이다."(욥기 1장 21절) 그 기가 막힌 찬양으로 욥은 하나님으로 승리케 하였다. 욥은 하나님의 생각과 같이, 많은 것을 소유한 부자였음에도 불구하고 소유형의 인간이 아니라 존재형의 인간이었다는 것이 입증된 것이었다.

나는 예수님이 '낙타가 바늘귀로 들어가는 것보다 부자가 천국 가기가 더 어려울 것'이라고 말씀하셨을 때 부자란 단순히 많은 것을 소유한 사람을 의미하는 것이라고 생각하지 않는다. 예수님이 말씀하신 부자는 삶의 의미와 목적을 소유(to have)에 두고 사는

진정한 삶의 행복은 소유가 아니라 존재가 결정한다

사람을 의미하는 것이라고 생각한다. 단순히 돈이 많은 부자라고 해서 천국에 들어갈 수 없다면 아브라함, 이삭, 야곱, 다윗, 아리마데 요셉과 같은 사람들도 다 천국에 들어가지 못했을 것이다.

예수님은 산상보훈의 팔복에서 "심령이 가난한 자는 복이 있나니 천국이 저희 것임이요"(마태복음 5장 3절)라고 말씀하신다. 심령이 가난하다는 것은 삶의 의미와 목적을 소유에 두지 아니한다는 것을 의미하는 것이고, 그와 같은 것에 욕심 없는 마음을 가지고 있다는 것을 의미하는 것이다. 다시 말해서 존재형의 인간을 의미하는 것이다.

그런데 이 말씀이 마태복음에서는 '심령이 가난한 자'라고 분명하게 말씀되어 있지만, 누가복음에서는 그냥 '가난한 자는 복이 있다'고 기록되어 있다. 그러나 나는 누가복음의 가난한 자도 단순히 물질적인 가난을 의미하는 것이라고 생각하지 않는다. 예수님은 가난한 자들에 대해 많은 애정과 관심을 가지고 계셨다. 그러나 그럼에도 불구하고 단순히 가난하다는 이유 때문에 천국에 들어갈 수 있다고 말씀하신 것은 아니었다.

가난한 자와 부자가 다투면 하나님은 누구 편을 들어 주실까? 많은 사람들은 당연히 하나님이 가난한 자의 편을 들어주실 거라고 생각한다. 그러나 그렇지 않다. 정답은 '옳은 사람 편'이다. 하나님은 부자 편도 들지 않으시고, 가난한 자의 편도 들지 않으시며, 다만 옳은 사람의 편을 드실 것이다. 레위기 19장 15절에 다음과 같은 말씀이 있다.

"너희는 재판할 때에 불의를 행하지 말며 가난한 자의 편을 들지 말며 세력 있는 자라고 두둔하지 말고 공의로 사람을 재판할지며"

그러나 많은 사람들은 무조건 약자 편을 들고 가난한 사람 편을 드는 것이 정의라고 잘못 생각하고 있다. 물론 약한 자의 형편을 살피며 가난한 사람들의 어려움과 마음 아픔을 살피는 것은 옳은 일이고 중요한 일이지만, 무조건 약자와 가난한 자라고 편을 드는 것은 매우 위험한 일일 수 있다는 것을 알아야 한다. 약자의 형편을 살피고 돕고 섬기는 것과 무조건 약자의 편을 드는 것은 다르다.

부자와 가난한 자에 대하여 공정하고도 균형 잡힌 시각을 가지는 것이 매우 중요하다. 우리가 살아가는 세상은 가진 자(부자)와 가지지 못한 자(가난한 사람) 사이의 갈등 때문에 늘 불안하고 혼란한 것이 사실이다. 그리고 갈등의 적지 않은 부분은 부자와 가난한 자에 대하여 공정하고도 균형 잡힌 시각을 갖지 못했기 때문에 오는 편견과 오해 때문에 일어나고 있다.

부자와 가난한 자에 대해 좀더 공정하고 균형 잡힌 시각을 가질 수 있길 바란다.

진정한 삶의 행복은 소유가 아니라 존재가 결정한다

# 모래 위에 집을 짓는 사람과
# 반석 위에 집을 짓는 사람

모든 사람이 다 그렇겠지만 나도 개인적으로 가장 소중하게 여기는 것을 이야기하라면 '자유'를 거론하고 싶다. 젊어서는 자유의 소중함을 잘 몰랐는데 조금씩 나이 들어 어른이 되어가면서 점점 더 자유의 소중함을 느끼게 되기 때문이다.

어느 유명한 선배 목사님에게 기자가 인터뷰를 하면서 좀 엉뚱해 보이지만 아주 근본적인 질문을 하였다.

"목사님은 왜 예수를 믿으십니까?"

이런 질문은 보통 목사에게는 잘 안 한다. 좀 다르기는 하지만, 약간 돌려서 "목사님은 왜 목사가 되셨습니까?"라는 질문이 보편적이 되어 있다. 그런데 그 기자는 참으로 엉뚱하게도 "목사님은 왜 예수를 믿으십니까?"라고 물은 것이다. 나는 그 기자가 참으로 훌륭한 질문을 했다고 생각했다. 그러나 목사님의 대답이 더 걸작이었다.

"자유하는 사람이 되려고 예수를 믿습니다."

두고두고 생각해봐도 이만큼 근사한 대답은 없었다. 누가 나에

행복한 부자를 위한 5가지 원칙

게 "왜 목사님은 예수를 믿으십니까?"라고 묻는다면 나도 그 선배 목사님과 같이 "자유하는 사람이 되려고 예수를 믿습니다."라고 대답하고 싶다.

하나님은 매우 중요한 두 가지를 염두에 두시고 우리를 창조하셨다. 그것은 '영'과 '자유'다. 하나님은 인간을 창조하실 때 인간에게 당신의 영을 불어넣어주셨다. 하나님은 진흙으로 인간의 모양을 만드신 후 코에 생기를 불어넣으셨다고 성경에 기록되어 있는데, 그때 하나님이 인간에게 불어넣으신 생기가 바로 하나님의 영이었던 것이다. 그 하나님의 생기를 히브리어로 '루아하'라고 하고 헬라어로는 '프뉴마'라고 하는데, 그 뜻은 모두 '영'이다. 그러므로 하나님이 인간에게 생기를 불어넣으셨다는 것은 바람을 불어넣으셨다는 것이 아니라 당신와 영과 혼을 불어넣으셨다는 것이다.

하나님이 인간에게 불어넣으신 하나님의 영은 하나님의 정신, 하나님의 혼, 하나님의 철학, 하나님의 가치관이라고 해석하면 좀 더 뜻이 분명해진다. 하나님은 인간을 당신과 같은 철학과 가치관, 그리고 혼과 정신을 가진 존재로 창조하셨다는 것이다. 사람의 가치는 바로 하나님의 영과 혼에 있다. 사람들은 사람의 가치를 물질과 지위로 평가하려고 하지만 진정한 사람의 가치는 그가 가지고 있는 철학과 정신에 의해서 평가된다고 나는 믿는다. 그리고 개인에 있어서도 가장 중요한 것이 바로 그와 같은 정신이라고 나는 믿는다. 최고의 인간은 최고의 부자나 최고로 유명한 사람이 아니라

진정한 삶의 행복은 소유가 아니라 존재가 결정한다

하나님의 영과 혼과 정신을 소유한 사람이라고 나는 생각한다.

인간에게서 하나님의 영을 제외한다면 그의 가치는 진흙 한 덩어리에 불과할 것이다. 그것은 다음과 같은 수식으로 증명할 수 있다.

진흙 + 하나님의 영 = 인간
인간 − 하나님의 영 = 진흙

인간을 인간답게 하는 것은 물질도 명예도 권세도 아니다. 인간을 인간답게 하는 것은 정신이다. 그 정신은 하나님의 영으로부터 말미암는다. 하나님의 영을 가진 인간만이 참으로 인간다운 인간이라고 할 수 있다.

하나님이 인간을 창조하실 때 당신의 영만큼이나 소중한 것을 또 하나 우리 인간에게 부여하셨다. 그것은 바로 '자유'다. 하나님의 인간 창조에 있어서 가장 중요한 두 가지 요소 가운데 하나는 바로 이 '자유'다. 하나님은 우리 인간을 다른 피조물과 달리 인격을 가진 자유인으로 창조하셨다.

미신을 믿는 사람들은 운명과 팔자를 믿는다. 그러나 기독교에는 운명과 팔자와 같은 개념이 없다. 인생을 집을 짓는 건축에 비유한다면, 미신은 신이 인생이라고 하는 집을 지어 그것을 사람들에게 배급하는 것에 비유할 수 있다. 그러나 기독교의 하나님은 인생의 집을 당신 마음대로 건축하시어 인간에게 배급하시는 분이 아니라, 인간에게 스스로 집을 지을 수 있는 자유와 능력을 주시고 '네 인생의 집을 네 마음껏 한번 잘 지어보거라'라고 말씀하시는 분이시다.

예수님의 비유 가운데도 '모래 위에 집을 짓는 사람과 반석 위에 집을 짓는 사람'에 대한 비유가 있는데 여기서 중요한 것은 집을 짓는 것은 하나님이 아니라 우리 인간 자체라는 사실이다.

미신을 믿는 사람들은 이사를 갈 때도 무당을 찾아가 어느 날 이사를 가야 하는지, 어느 쪽으로 가야 하는지를 묻는다. 그리고 무당이 가르쳐주는 날짜와 방향으로만 이사를 간다. 그러나 기독교에는 그런 것이 없다. 하나님은 우리에게 "어디를 가든지 무엇을 하든지 내가 너와 함께 하겠다"라고 약속하시고 축복하신다.

내가 개인적으로 좋아하는 말씀 가운데 요한계시록 3장 20절의 말씀이 있다.

> "볼지어다 내가 문 밖에 서서 두드리노니 누구든지 내 음성을 듣고 문을 열면 내가 그에게로 들어가 그와 더불어 먹고 그는 나와 더불어 먹으리라."

하나님은 우리에게로 들어오시고 싶다고 당신 마음대로 들어오시는 분이 아니시다. 우리의 문 밖에서 노크를 하시고 우리가 문을 열어드리면 그때 비로소 들어오시겠다는 것이다. 우리의 자유와 인격을 최대한으로 존중하시는 창조주 하나님의 모습은 참으로 놀

진정한 삶의 행복은 소유가 아니라 존재가 결정한다

랍기까지 하다.

인간을 인간답게 하는 것은 물질이 아니다. 명예와 권세도 아니다. 인간을 인간답게 하는 것은 바로 '자유'다. 사람이 과연 자유하는 사람으로 살아가느냐 그렇지 못하느냐에 따라 그가 인간다운 인간이냐 아니냐를 판가름할 수 있는 것이다.

인간의 생명과 그 생명의 아름다움은 하나님의 영과 하나님이 주신 자유에 있다. 하나님의 영과 하나님이 주시는 자유를 누리지 못하고 사는 인생은 '살았다 하는 이름은 있으나 실상은 죽은 자'라고 할 수 있다.

우리 인간에게서 이처럼 소중한 하나님의 영과 하나님이 주신 자유를 빼앗아가는 것이 있다. 성경은 그것을 '죄'라고 말씀한다. 하나님의 말씀에 불순종하여 선악과를 따먹은 후부터 인간은 소중한 하나님의 영과 자유를 잃어버리게 되었다.

하나님은 우리를 자유케 하시는 분이시다. 그러나 우리 인간은 우리를 자유케 하시는 하나님께 불순종함으로 하나님으로부터 자유하게 되었다. 자유케 하시는 하나님으로부터 자유함으로써 우리 인간은 자유를 상실하게 된 것이다.

우리에게서 소중한 자유를 빼앗아가는 죄는 욕심으로부터 온다. "욕심이 잉태한즉 죄를 낳고 죄가 장성한즉 사망을 낳느니라"(야고보서 1장 15절)는 것이 성경의 말씀이다. 아담과 하와는 선악과 나무 열매가 너무 탐스럽고 먹음직스러워 그 욕심을 이기지 못하고 범죄하였던 것이다.

하나님의 영과 자유를 소유한 참 인간이 되려면, 죄를 멀리 하여야 하고, 죄에서 멀리하는 삶을 살려면 욕심의 문제를 해결하여야만 한다. 우리를 죄에 빠지게 하는 욕심은 하나둘이 아니다. 그러나 그 욕심 가운데 가장 큰 것은 돈에 대한 욕심이다. 세상에 돈과 물질에 대한 욕심만큼 크고 강한 것은 없다. 그러므로 욕심의 문제를 해결하려고 하는 사람은 다른 사소한 욕심과 씨름하기보다 돈에 대한 욕심에 도전하는 것이 중요하다. 돈에 대한 욕심만 해결할 수 있다면 모든 욕심은 자동적으로 해결이 되는 것이라고 할 수 있기 때문이다. 그런 면에서 나는 돈에 대한 욕심과의 싸움이 우리 인생에 있어서 가장 중요한 싸움 가운데 하나라고 확신하고 있다. 그리고 많은 사람들이 이 싸움에서 패배함으로써 인생의 진정한 승리를 얻어내지 못하고 있다고 확신한다.

내 인생과 목회의 스승이신 목사님 한 분은 생활비를 올려주겠다며 교회 사임을 만류하는 교인들에게 "나는 소 시장의 소가 아니오"라며 만류하셨다. 그 말에 감동받은 나머지, 나도 평생 소 시장 소 노릇은 하지 말아야지 하는 굳은 결심을 하게 되었다. 감동하긴 쉬우나 삶은 생각처럼 그렇게 쉽지 않았다.

신학대학 졸업반 때인 1977년도의 일이다. 큰 회사를 경영하시는 장로님이 계셨는데 목요일마다 회사에서 예배를 드리셨다. 어느 날 나를 설교 강사로 초청해주셨다. 설교를 마치니 교통비를 하라며 봉투를 주셨다. 집에 돌아와 열어보니 7천 원이 들어 있었다. 그 당시 7천 원은 가난한 신학생 한 달 용돈에 가까운 적지 않은

진정한 삶의 행복은 소유가 아니라 존재가 결정한다

큰돈이었다.

그 달부터 매달 한 달에 한 번 혹은 두 번 정도 그 회사에 가서 설교할 기회를 얻게 되었다. 그때마다 회사에서는 7천 원씩의 교통비를 꼬박꼬박 주었다. 그 교통비에 맛을 들여 강의를 빼먹다 보니(그 시간에 설교를 하려면 강의 시간을 빼먹어만 했었다) 나중에 수업 일수가 모자라 하마터면 낙제를 할 상황까지 되었다.

어느 주일 날 그 장로님의 부인 되시는 권사님이 나에게, 회사 직원들이 전도사님의 설교를 좋아하니 이번 달은 네 번을 계속해서 설교를 해줄 수 있느냐고 물었다. 나는 "네"라고 대답을 하였다. 그때 내 머릿속에서는 이런 생각이 떠오르고 있었다.

사 칠은 이십팔

한 번 설교할 때마다 7천 원씩의 교통비를 주니 이번 달은 2만 8천 원이 생기겠구나 하는 계산이었던 것이다. 정말 번개같이 한 생각이었다. 그와 같은 생각을 하고 얼마나 당황스러웠는지 모른다. '소 시장의 소 노릇은 하지 말아야지' 하는 굳은 결심과 감동을 가지고 살아가고 있었는데, 그까짓 돈 2만 8천 원 때문에 '사 칠은 이십팔' 하고 있는 내가 너무 한심스럽고 속상했기 때문이었다.

나는 내 인생의 진정한 승리와 성공이 '사 칠은 이십팔'과의 전쟁에 달려 있다고 생각한다. 그래서 나는 지금까지도 그 싸움을 계속하고 있다.

나는 지금도 돈이 좋다. 사람들은 목사인 내가 '돈이 좋다'라고 말하는 것을 이상하게 생각하고 심지어는 비판한다. 그러나 나는 도리어 그들을 이해할 수가 없다. 그러면 돈이 싫다는 말인가? 어떻게 돈이 싫을 수 있단 말인가? 누가 뭐래도 나는 돈이 좋다. 그리고 '돈이 좋다'라고 말하는 것은 잘못된 일도 아니고 부끄러운 일도 아니다.

내가 두려워하는 것은 돈을 좋아하는 것이 아니다. 돈을 너무 좋아하여 돈에 얽매이게 되는 것이다. 내가 돈을 좋아하면서도 돈에 얽매이는 것을 두려워하는 까닭은 그렇게 되면 돈보다 더 소중한 자유를 잃게 되기 때문이다. 그러나 돈에 얽매이지 않고 자유 하는 사람으로 살기 위하여 돈을 부정하거나 경멸하는 사람이 되고 싶지는 않다. 돈을 경멸하고 부정하는 것 자체도 돈과의 싸움에서 패배하는 것이라고 나는 생각한다. 나는 돈과의 싸움을 인생에 있어서 가장 중요한 싸움이라고 생각하며 살고 있다. 나는 돈과의 전쟁에서 승리하는 사람이 되고 싶다. 그것은 돈을 중히 여기고 좋아하면서도, 그것에 얽매이지 않고 자유 하는 사람이 되는 것이다. 돈을 지배하고 다스리고 정복하는 사람이 되는 것이다.

나는 소 시장의 소가 아닌 진정한 사람으로 살다가 사람으로 죽고 싶다. 나는 돈에 대하여 자유하는 사람으로 살고 싶다. 그리하여 진정 하나님의 정신을 가진 자유인으로 살다가 그 같은 자유정신을 자식들에게 유산으로 물려주고 하나님께로 가고 싶다.

진정한 삶의 행복은 소유가 아니라 존재가 결정한다

행복한 부자를 위한 5가지 원칙

1판 1쇄 인쇄  2005년  1월  5일
1판 1쇄 발행  2005년  1월 10일

지은이  김동호
발행인  고영수
발행처  청림출판
등록  제9-83호(1973. 10. 8)
주소  135-816 서울시 강남구 논현동 63번지
전화  02)546-4341  팩스  02)546-8053

www.chungrim.com
cr3@chungrim.com

ISBN  89-352-0591-5    03320